Sebastian Lehmann

Ich war jung und hatte das Geld

Meine liebsten Jugendkulturen aus den wilden Neunzigern

Mit Illustrationen von
Lisa Bender

GOLDMANN

Originalausgabe

Der Verlag weist ausdrücklich darauf hin, dass im Text
enthaltene externe Links vom Verlag nur bis zum Zeitpunkt
der Buchveröffentlichung eingesehen werden konnten.
Auf spätere Veränderungen hat der Verlag keinerlei Einfluss.
Eine Haftung des Verlags ist daher ausgeschlossen.

Dieses Buch ist auch als E-Book erhältlich.

MIX
Papier aus verantwor-
tungsvollen Quellen
FSC® C005833
FSC
www.fsc.org

Verlagsgruppe Random House FSC® N001967

1. Auflage
Originalausgabe Juni 2017
Copyright © 2017 by Wilhelm Goldmann Verlag, München,
in der Verlagsgruppe Random House GmbH,
Neumarkter Straße 28, 81673 München
Umschlaggestaltung: UNO Werbeagentur, München,
unter Verwendung eines Fotos des Autors (© Annika Zieske)
Lektorat: Doreen Fröhlich
»Ich möchte Teil einer Jugendbewegung sein«
Musik + Text: Dirk von Lotzow, Jan Klaas Mueller, Arne Zank
© Gold Musikverlag Ltd. & Co. KG,
Hanseatic Musikverlag GmbH & Co. KG
DF · Herstellung: kw
Satz: Uhl + Massopust, Aalen
Druck und Einband: Těšínská tiskárna, a. s., Český Těšín
Printed in the Czech Republic
ISBN 978-3-442-15921-5
www.goldmann-verlag.de

Besuchen Sie den Goldmann Verlag im Netz

Inhalt

... war

»Ich möchte mich auf euch verlassen können.
Mit euch durch die Straßen rennen.
Und jede unserer Handbewegungen
hat einen besonderen Sinn,
weil wir eine Bewegung sind.«

Tocotronic:
»Ich möchte Teil einer Jugendbewegung sein«

1. Wie ich einmal Skater war

»Aua«, ruft mein Skater-Freund Florian, den alle nur Flame Flow nennen, weil er auf sein Skateboard eine Flamme gesprayt hat.

Flame Flow ist gerade mit seinem Board die drei Stufen vor unserer Schule runtergeskatet, hat sich aber mit seiner überweiten Baggy-Hose im Geländer verfangen und ist mit dem Kopf voraus auf den Asphalt geknallt.

Jetzt bin ich dran.

Auch ich verfange mich mit meiner Hose und knalle mit dem Kopf auf den Asphalt. Da liegen ja schon meine anderen Skater-Freunde Tina und Dirk.

Die weiten Klamotten stören aber nicht nur beim Skaten, auch das normale Gehen gestaltet sich schwer, ständig verliere ich meine Hose oder die riesigen Schuhe, die ich fünf Nummern zu groß gekauft habe. Oder ich trete aus Versehen auf mein XXXXL-T-Shirt und falle um. Wir brauchen gar nicht kiffen, wir wirken auch so schon verspult genug.

Nach der Schule gehen wir immer zur Halfpipe, um weiterzuskaten.

»Schaut mal, ich kann schon einen Double-Flip-Spin«, ruft Flame Flow und dreht sich auf seinem Skateboard zweimal um die eigene Achse – während er steht und das Board festhält.

Flow ist eindeutig der coolste Skater von uns, und alle Mädchen bewundern ihn. Also hauptsächlich Tina aus der Parallelklasse. Sie ist das einzige Mädchen, das überhaupt mit uns spricht.

Leider vertreiben uns die großen Skater dann von der Halfpipe, weil wir uns ständig an sie klammern, um nicht umzufallen. Wir haben uns nämlich jeder was beim Skaten gebrochen: Flame Flow sein Bein, Tina ihr Schlüsselbein, ich mein Nasenbein und Dirk beide Arme.

Zum Glück können wir noch sprayen – also alle außer Dirk. Er kann im Prinzip nur einen geraden Strich malen.

Allerdings sind die echten Spraydosen viel zu teuer, deswegen haben wir die Handmalfarben von Dirks kleiner Schwester geklaut. Mit denen malen wir heimlich die Wand der Garage von Dirks Eltern an.

Plötzlich kommt Dirks Vater in die Garage, und

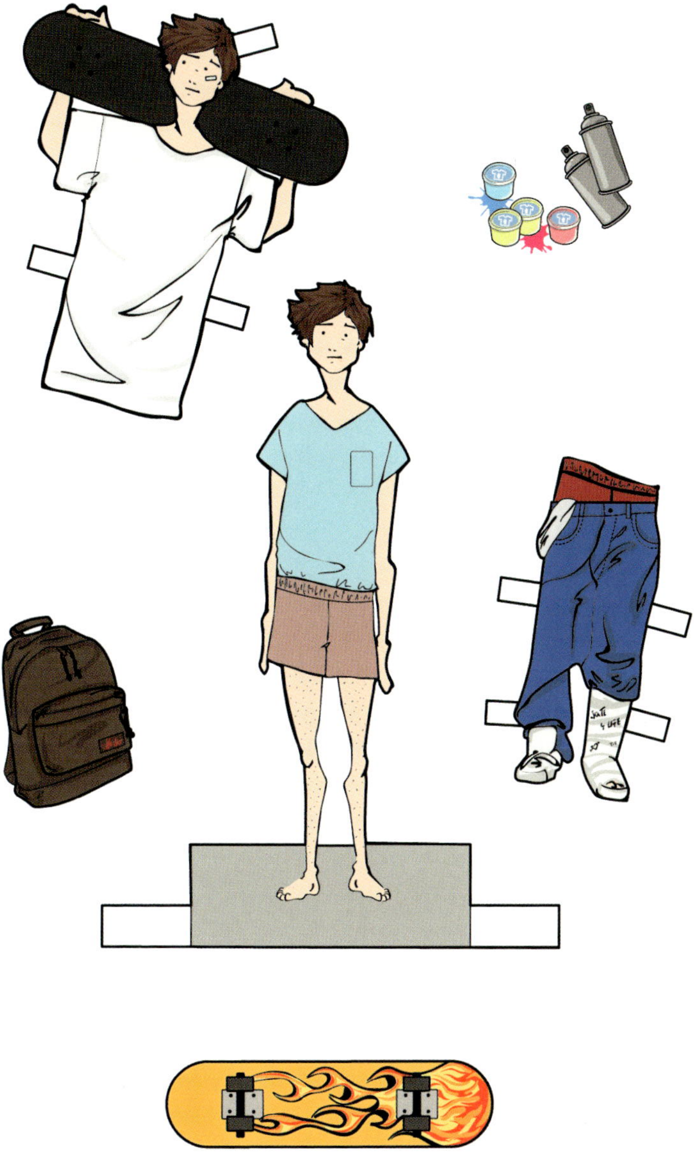

es gibt riesen Ärger, weil Flow auch auf die weiße Mercedes-S-Klasse eine Flamme gemalt hat.

Da beschloss ich mich vom Skaten abzuwenden und wurde Öko.

2. Wie ich einmal Öko war

»Mein lieber Sebastian«, sagt Florian zu mir, »ich hab dich gestern gesehen, wie du aus dem Aldi rausgekommen bist, voll beladen mit Cola in Plastikflaschen, Chipstüten und Dosenravioli, da war ich echt total voll enttäuscht von dir, weil du gar nicht mehr an die Umwelt denkst.«

»An die total arme Umwelt«, sagt Dirk und beißt von seiner Bio-Roggen-Stulle mit Dinkeleinlage und Rohmilchkäse ab, fair gehandelt aus der Schweiz. Das ist ganz schön kompliziert, weil seine Arme immer noch eingegipst sind. Trotzdem hat er noch Nutella draufgeschmiert und das Brot mit mehreren Salamischeiben belegt. Aber das darf Flo nicht erfahren.

Wir sitzen im Eltern-Kind-Café *Bio? Logisch!* im Prenzlauer Berg – als Einzige ohne Kinder. Leider hat uns Dirks Vater vorhin mit seiner weißen Mercedes-S-Klasse hierhergefahren, was unsere Ökobilanz ziemlich in den Keller zieht. Eigentlich dürften wir heute nur noch im Bett liegen und nicht atmen. Dabei wollten wir nachher noch zur Fahrrad-Sternfahrt gegen Massenobsthaltung in Supermärkten.

Wie immer tragen wir weiße Hosen und Hemden aus Leinen, weil dieser Stoff so toll atmungsaktiv ist und wir natürlich kein imperialistisches Deodorant benutzen, sondern nur einen Kristallstein, und deswegen in normalen Kleidern sehr stinken würden. Allerdings stinken wir auch so – und echte Leinenkleider besitzen wir auch keine. Stattdessen haben wir uns einfach unsere Bettbezüge umgewickelt.

»Ich könnte jetzt ein Bio-Sellerie-Walnuss-Vollkornbrot mit Chia-Samen vertragen und dazu vielleicht einen frisch gepressten Karottensaft aus der Uckermark«, versuche ich von meinem Aldi-Malheur abzulenken.

»Fair gehandelt?«, ruft Flo.

»Fair gehandelt aus der Uckermark?«, frage ich.

Ich nehme einen Schluck meines entkoffeinierten, laktosefreien Biokaffees aus Süd-Mexiko, den blinde und homosexuelle Waisenkinder, deren Eltern von den USA gefoltert und ermordet wurden, weil sie anarchistische Rebellen waren, mit bloßen – und mit extra aus Deutschland eingeflogener PH-neutraler Eigenurin-Bioseife gewaschenen – Händen

gepflückt und mit ihrer eigenen Körperwärme ge-
röstet haben.

Er schmeckt scheiße.

Da beschloss ich mich von der Öko-Bewegung
abzuwenden und wurde Existenzialist.

3. Wie ich einmal Existenzialist war

»»Der Mensch ist dazu verurteilt, frei zu sein. Verurteilt, weil er sich nicht selbst erschaffen hat, und dennoch frei, weil er, einmal in die Welt geworfen, für all das verantwortlich ist, was er tut««, zitiere ich mein großes Vorbild Jean-Paul Sartre. Ich nehme meine riesige Hornbrille ab, die ich meinem Opa geklaut habe, und schaue in die Runde, bestehend aus Jean-Florence, Tiné und Jean de Dirque. Ich nenne mich jetzt nur noch Jean-Sébastien Léman.

Wir sitzen im *Café Paris*, das seltsamerweise ein griechisches Restaurant ist, und philosophieren. Außer Dirque, der ist eingeschlafen.

Wir anderen rauchen ununterbrochen blaue Gauloises und trinken Rotwein. Tiné trägt einen schwarzen Rollkragenpulli, hat sich die Augen mit Kajal schwarz umrandet und blickt arrogant ins Leere.

Ich versuche, wie Jean-Paul Belmondo in den

alten französischen Filmen von Jean-Luc Godard meine Zigarette einfach lose im Mund stecken zu lassen und dabei zu reden. Aber entweder fällt die Kippe runter und brennt ein Loch in die Tischdecke, oder der Rauch steigt mir in die Augen, und ich muss deswegen weinen. Weil ich ständig weine, halten mich alle für empfindsam – nicht schlecht für einen Existenzialisten. Tiné streift mich sogar manchmal mit ihrem Blick und deutet ein Lächeln an.

»Isch schtimme dir zü«, sagt Jean-Florence, der jetzt nur noch mit französischem Akzent spricht. »Wie der große Philosöph Jean-Luc Picard es formülierte: Der Mensch ist nüschts anderes als das, wozü er sisch macht.«

Er zündet sich eine neue Zigarette an, obwohl er noch eine im Mund stecken hat.

»Kann ich auch eine haben?«, fragt Dirque, als er endlich aufwacht.

»Wie willst du denn rauchen mit zwei gebrochenen Armen?«, ruft Tiné.

Dirque beginnt zu schluchzen. Absurderweise hat er vor Tiné Angst. Mädchen machen ihn nervös, vor allem, wenn sie mit ihm reden. Das kommt zum Glück nicht oft vor. Florence und ich sind jedoch ein wenig in Tiné verliebt.

»Mes amis«, sage ich und rücke meine Baskenmütze zurecht, die leider ein Bundeswehrbarett ist, »wir sind hier, weil wir über den Existenzialismus diskutieren wollen.«

Während ich das sage, fällt mir schon wieder meine Zigarette aus dem Mund und kokelt Dirques Gips an, auf den wir vorhin ganz groß »Das SEIN« geschrieben haben. Absurderweise haben wir uns ein wenig verschrieben, und es sieht eher aus wie »Das BEIN«, was etwas verwirrend ist auf einem Gips am Arm.

Auf einmal kommt der Kellner zu uns und wirft uns raus, weil Rauchen im *Café Paris* verboten ist.

Da beschloss ich mich vom Existenzialismus abzuwenden und wurde Hippie.

4. Wie ich einmal Hippie war

»Ich fühle mich so high, so wide open«, sagt Florian, der sich jetzt Steppenwolf nennt.

»Richtig krass, diese ganzen psychedelischen Muster an der Wand«, sagt Dirk, der eine alte Lammfellweste seines Vaters und ein gebatiktes Stirnband trägt.

»Das ist doch nur die Blümchentapete von meinen Eltern«, sagt Steppenwolf und malt mit der restlichen Handmalfarbe vom Sprayen ein buntes Peace-Zeichen an die Wand.

Wir rauchen die ganze Zeit Joints – allerdings nur gefüllt mit Pfefferminztee, weil wir uns noch nicht trauen, Gras zu kaufen. Der Pfefferminztee haut nicht so richtig rein, aber zum Glück haben wir noch ein paar Ökosocken aus Hanfwolle übrig. Die können wir zerkleinern und dazubröseln. Schmeckt gar nicht so schlecht, und husten muss man davon auch nicht so schlimm.

Leider braucht Steppenwolf, der bei uns fürs Tüten-Drehen zuständig ist, für jeden Joint eine halbe Stunde. Am Ende klebt er sie mit Tesafilm zusammen. Ich glaube, wir werden eher von den Chemikalien des Tesafilms high als von den Socken.

Wir beginnen, zu den alten Doors-Platten von Steppenwolfs Eltern im Wohnzimmer zu tanzen. Nur Dirk nicht, weil das doof aussieht mit zwei gebrochenen Armen.

»Hey, ich fühle mich so frei, mein Bewusstsein fließt ohne Grenzen durch die Sphären des Universums«, sagt Steppenflo, der sich eine Langhaarperücke vom letzten Karneval übergezogen hat, in die er ein paar Geranienblüten von den Balkonblumen seiner Mutter gesteckt hat. Dazu trägt er einen Benetton-Pulli, den er mit Batik-Muster versehen hat.

Er wiegt sich verträumt zur Musik und schüttelt seine langen Haare. Dabei tritt er aus Versehen auf den übergroßen Schlag seiner Hose, fällt auf eine Duftkerze, die in einer leeren Rotweinflasche steckt, und seine Perücke fängt Feuer.

»Yeah, light my fire!«, rufe ich.

Auf einmal läuft Dirk rot im Gesicht an und bekommt kaum noch Luft.

»Ich bin gegen Hanfwolle allergisch«, ruft er noch, bevor er ohnmächtig wird.

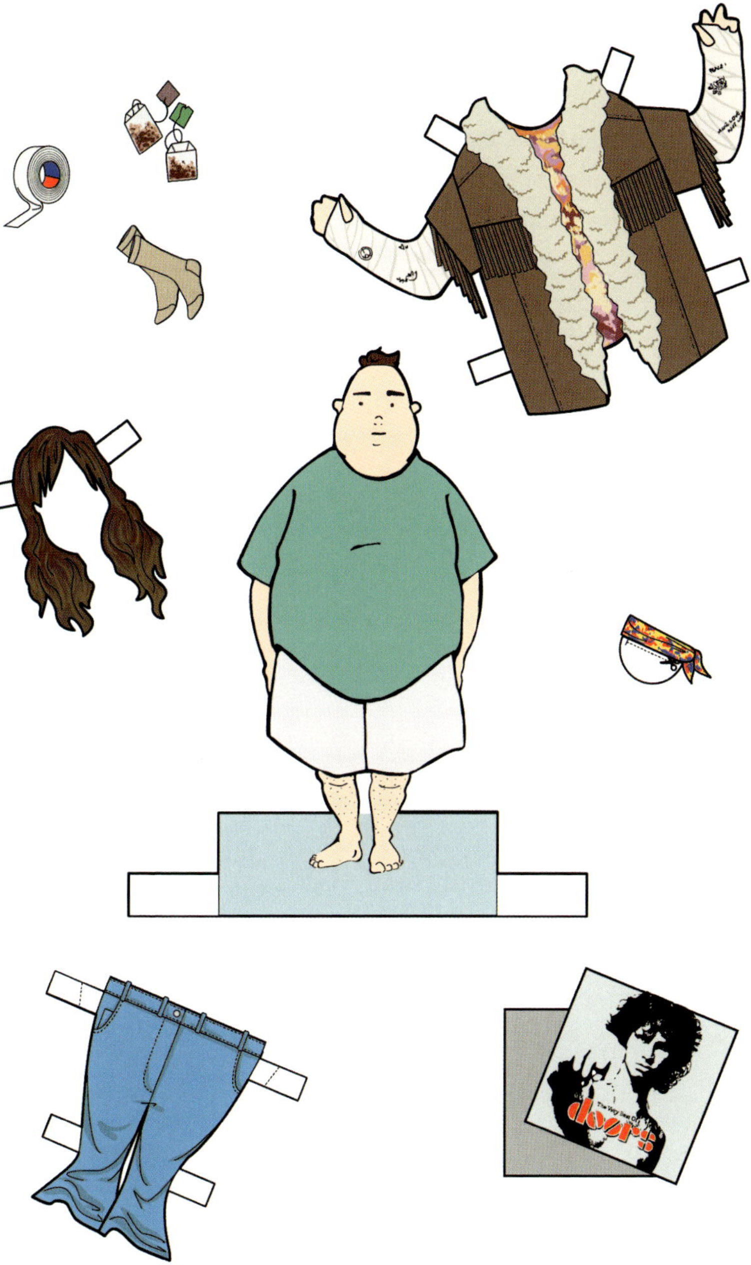
The Very Best Of
doors

Dann schlafe ich ein, weil ich den Tesafilm nicht vertrage.

In einem krass bunten und psychedelischen Traum beschloss ich mich von den Hippies abzuwenden und wurde Bodybuilder.

5. Wie ich einmal Bodybuilder war

Wie jeden Tag builden wir unsere stählernen Bodys im Fitnessstudio. Ich stemme, Dirk drückt und Tina steppt. Sie hat nämlich das Fitnessgerät Stepper mit dem Fußsohlenklappertanz verwechselt und steppt jetzt zu *Singing in the Rain*. Es sieht trotzdem sehr fit aus. Florian macht als Einziger nichts, denn er ist unser Trainer und gibt Anweisungen.

Wir tragen Radlerhosen und eng anliegende Muscle-Shirts. Nur Dirk hat ein ganz normales T-Shirt angezogen – aber weil er so dick ist, liegt es trotzdem eng an.

Eigentlich sind wir auch in keinem richtigen Fitnessstudio, sondern sitzen im Hobbykeller von Flos Vater zwischen verstaubten Fitnessgeräten. Wir nennen ihn den *Body*keller.

»Ich kann nicht mehr«, stöhnt Dirk und lässt seine zwei Hundert-Gramm-Hanteln sinken, die eigentlich ein schweres Englischwörterbuch und die Bibel sind.

»Dirk, du musst nur an dich glauben, dann schaffst du jede Challenge!«, ruft Coach Flo. Er mixt sich schnell einen Protein-Eiweiß-Shake und isst sieben Bananen und acht Grapefruits hintereinander. Als Nachtisch verspeist er einen Power-Müsli-Riegel mit Gatorade-Geschmack.

Dirk setzt sich aber resigniert auf den Boden und beginnt mit der Modelleisenbahn von Flos Vater zu spielen, die auch im Hobbykeller rumsteht.

»Mir reicht's«, sagt Tina. »Ich geh in die Sauna.«

Leider gibt es im Keller keine richtige Sauna, deswegen setzt sie sich einfach in einen Schrank und zündet ein paar Kerzen an.

Um Tina zu beeindrucken, stecke ich mir zwei Zwanzig-Kilo-Gewichte an meine Stange und versuche sie hochzustemmen, aber sie entgleiten mir und fallen auf Dirks gerade vom Gips befreite Arme. Dirk fällt sofort in Ohnmacht. Tina macht genervt die Schranktür zu.

»So, Sebastian«, lenkt Coach Flo schnell ab, »aufs Laufband!« Er bläst in eine Trillerpfeife, die er um den Hals hängen hat.

»Yes, Sir, yes!«, rufe ich und stelle mich auf das Band.

Flo drückt auf *ON*. Blöderweise ist das Band auf Stufe 10 eingestellt, 50 km/h. Ich fliege sofort nach hinten weg und knalle auf Dirk, der gerade in diesem Moment aufwacht. Er wird sofort wieder bewusstlos.

»Na, gut!«, ruft Flo. »Vielleicht ist Sport doch nichts für uns. Wir sollten es machen wie die echten Bodybuilder.«

Er holt einen riesigen Eimer hervor, auf dem »Anabolika« steht, nimmt eine Handvoll Pulver heraus und schüttet es auf seine Oberarme.

»So, wachst, ihr Muskeln«, ruft er.

Da beschloss ich mich vom Bodybuilding abzuwenden und wurde satanistischer Dark Metaller.

666.
Wie ich einmal satanistischer Dark Metaller war

»Arghh, ich bin sooo bööööse, arghh«, sage ich zu meinem Spiegelbild.

Ich stehe im Bad meiner Eltern und will böse aussehen. Dafür habe ich mein ganzes Gesicht weiß geschminkt, meine Augen mit Kajalstift umrandet und ein schwarzes Kleid meiner verstorbenen Oma übergezogen. Außerdem habe ich mir ganz viele böse Nietengürtel bei H&M gekauft und alle um mich gewickelt. Zusammen mit dem Hundehalsband, das ich Lilly, dem Pudel von Dirks Mutter, geklaut habe, ist mein Outfit perfekt. Leider hat das Halsband gar keine Nieten oder Stacheln, sondern ist mit Strass-Steinen besetzt, und es steht »I Love Puppys« drauf.

Dann übe ich zu Slayer headbangen. Blöderweise habe ich kurze Haare, und weil ich es zu wild treibe, schlage ich meinen Kopf am Waschbecken auf.

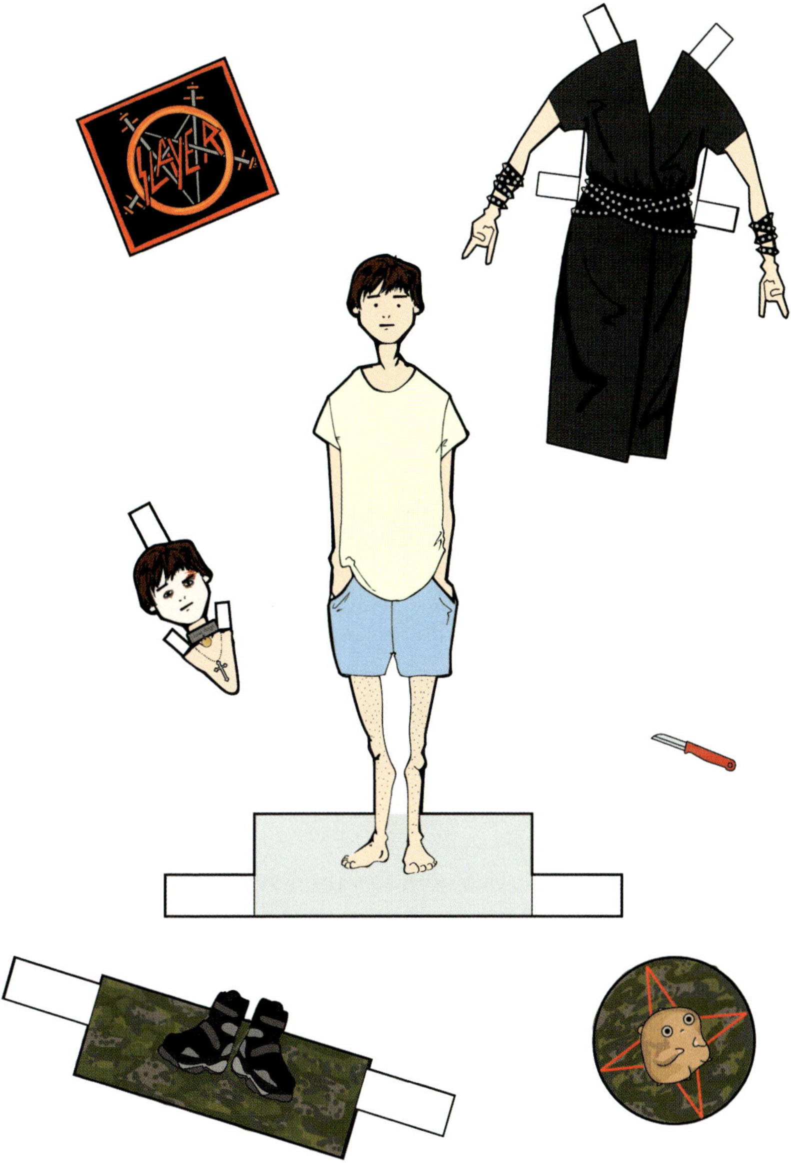
SLAYER

Ich blute.

»BLUT ist gut!«, rufe ich. »Ein wahrer Dark Metaller muss bluten!«

Ich grolle noch mal ein lautes »Arghh« in Richtung Spiegel, verlasse zufrieden das Bad und gehe ins Wohnzimmer, um meine Eltern zu erschrecken. Meine Eltern müssen aber lachen und wünschen mir viel Spaß auf der Karnevalsparty.

Dabei gehe ich doch in den Wald, um mit meinen bösen Metaller-Freunden Devil Dirk und Hellfire Flo Dirks Hamster Schnulle zu schlachten und ihn Satan zu opfern.

Im Wald angekommen versuche ich erst mal ein Pentagramm auf den Boden zu malen – leider vermale ich mich, und es hat nur vier Ecken –, um darauf den niedlichen Schnulle mit einem stumpfen Küchenmesser aufzuschneiden und auszuweiden. Der Kleine quiekt ganz aufgeregt, aber ich habe kein Erbarmen und bedrohe ihn mit dem Messer. Panisch beißt er Devil Dirk in den Daumen. Jetzt blutet auch Dirk.

»BLUT ist gut!«, rufen Flo und ich, aber Dirk kann kein Blut sehen und fällt in Ohnmacht. Schnulle entkommt unbeschadet in den dunklen Wald.

Da beschloss ich mich vom satanistischen Dark Metal abzuwenden und wurde Landprolet.

7. Wie ich einmal Landprolet war

Wir rasen in unserem tiefergelegten Golf GTI im zweiten Gang über die Landstraße und trinken Wodka Red Bull. Dazu hören wir ganz laut Scooter. Die Fenster sind weit geöffnet, damit alle den krassen Bass hören. Dabei wippen unsere blondierten Stachelfrisuren aufgeregt im Fahrtwind.

Auf dem Kofferraum prangt ein Böhse-Onkelz-Schriftzug. Dirk hat extra dafür wieder Handmalfarbe von seiner kleinen Schwester geklaut. Allerdings wusste er nicht genau, wie die Band wirklich heißt, und jetzt steht dort »Möse Onkelz«.

Eigentlich sind wir auch nicht mit dem Golf unterwegs, sondern mit dem Mofa von Tinas Bruder. Und da wir zu dritt draufsitzen, fahren wir auch eher langsam.

Wir sind auf dem Weg zur Großraumdisko »Heuboden« in Neustrelitz an der Ruhr, wo heute Ficken-Mottoparty ist.

»Hey, Mann, ficken, Manni«, ruft unser Fahrer Flo, der jetzt Kevin heißt.

»Hey, Mann, ficken«, sage ich. Ich heiße jetzt proletig Manni.

»Hey, Mann, ficken«, sagt Dirk, der immer noch Dirk heißt, weil sein Name schon proletig genug ist.

»Hey, Mann, bumsen«, sagt Kevin.

»Hey, Mann, bumsen«, sage ich.

»Hey, Mann, bumsen«, sagt Dirk.

»Hey, Mann, blasen«, sagt Kevin.

»Hey, Mann, der Baum«, sage ich.

Da fahren wir gegen einen Baum.

Das Mofa ist Schrott, und Dirk hat sich schon wieder beide Arme gebrochen.

Da beschloss ich mich vom Landproletentum abzuwenden und wurde Cosplayer.

8. Wie ich einmal Cosplayer war

Wir treffen uns vor dem Eingang des Kongresszentrums am Stadtrand, wo heute die Comic- und Manga-Messe stattfindet.

»Was soll denn das für ein Kostüm sein?«, frage ich Flo. Er trägt eine Langhaarperücke, Minirock, Stöckelschuhe und hat sich zwei Socken unter sein T-Shirt gesteckt.

»Flo hat Cosplay mit Crossdress verwechselt«, sagt Tina und lacht ihn aus. Ich lache mit. Voll peinlich, Flo hat echt keine Ahnung von Cosplay.

Er lässt sich aber nicht beirren: »Cosplay heißt doch, dass man sich verkleidet. Und ich bin eben als Frau verkleidet.«

Tina schüttelt den Kopf. »Du musst dich aber als Manga- oder Anime-Figur verkleiden. Ich bin zum Beispiel Sailor Moon.« Sie posiert in ihrem perfekten Kostüm, in dem sie sehr niedlich aussieht.

»Oh, das wusste ich auch nicht«, gebe ich zu.

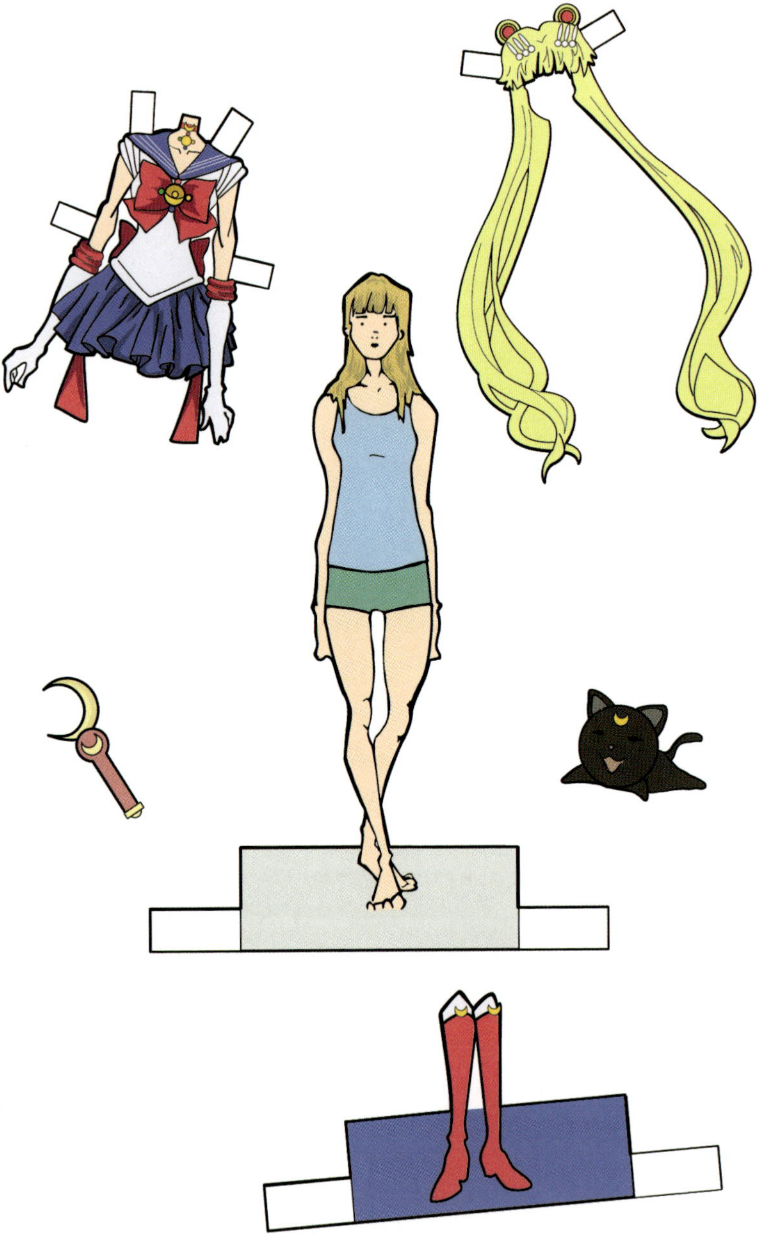

Ich habe die alte SS-Uniform meines Opas angezogen, die er sonst nur an Weihnachten trägt. Auf der Hinfahrt wurde ich deswegen schon mehrmals von älteren Herren gegrüßt, die die Hacken zusammenschlugen.

Immerhin Dirk hat es halbwegs richtig verstanden. Er steckt in seinem alten Biene-Maja-Kostüm, das er früher im Kindergarten immer an Karneval getragen hat. Inzwischen ist es ihm allerdings zu klein, und sein Bauch guckt unten raus.

»Ich bin Willi«, sagt er und flattert ein wenig mit seinen eingegipsten Bienenflügeln.

»Ich hatte ja gehofft, du würdest dich als Kenny aus *South Park* verkleiden«, sagt Tina zu Dirk. »Irgendwie habt ihr eine Ähnlichkeit.«

Auf der Messe sind dann wirklich die meisten Besucher als Manga-Figuren verkleidet – und zwar ausschließlich als Sailor Moon. Tina ist voll enttäuscht, weil alle nur Fotos vom niedlichen Dirk im Bienenkostüm machen.

Außerdem werden Flo und ich die ganze Zeit für Adolf und Eva gehalten. Das Dritte Reich gibt es anscheinend auch als Comic.

Da beschloss ich mich vom Cosplay abzuwenden und wurde Gangsta-Rapper.

9. Wie ich einmal Gangsta-Rapper war

»Ey, Motherfucker«, sagt Flo, den alle nur noch Bad Boy Flo nennen, weil er so böse ist. Auf seiner Gangsta-Rapper-Kappe steht allerdings in bunter Schrift: »Kirchentag 1998«.

»Yo, Bitch, was geht?«, sage ich, und zusammen schlurfen wir durch unsere Hood zur Schule. Dabei hängen unsere Köpfe ganz nach unten, weil wir uns so viele schwere Fake-Goldketten mit Dollarzeichen um den Hals gewickelt haben. Auch unsere weiten Baggypants hängen ganz tief im Schritt, da wir jeder einen riesigen Sony-Walkman an unseren Gürteln befestigt haben. Damit hören wir ununterbrochen Eminem.

Bad Boy Flo trägt sogar einen Ghettoblaster auf der Schulter. Leider ist es nur das alte Küchenradio seiner Oma, das nicht mit Batterien betrieben werden kann. Ich bin schon mehrmals auf das lose Stromkabel getreten und hingefallen.

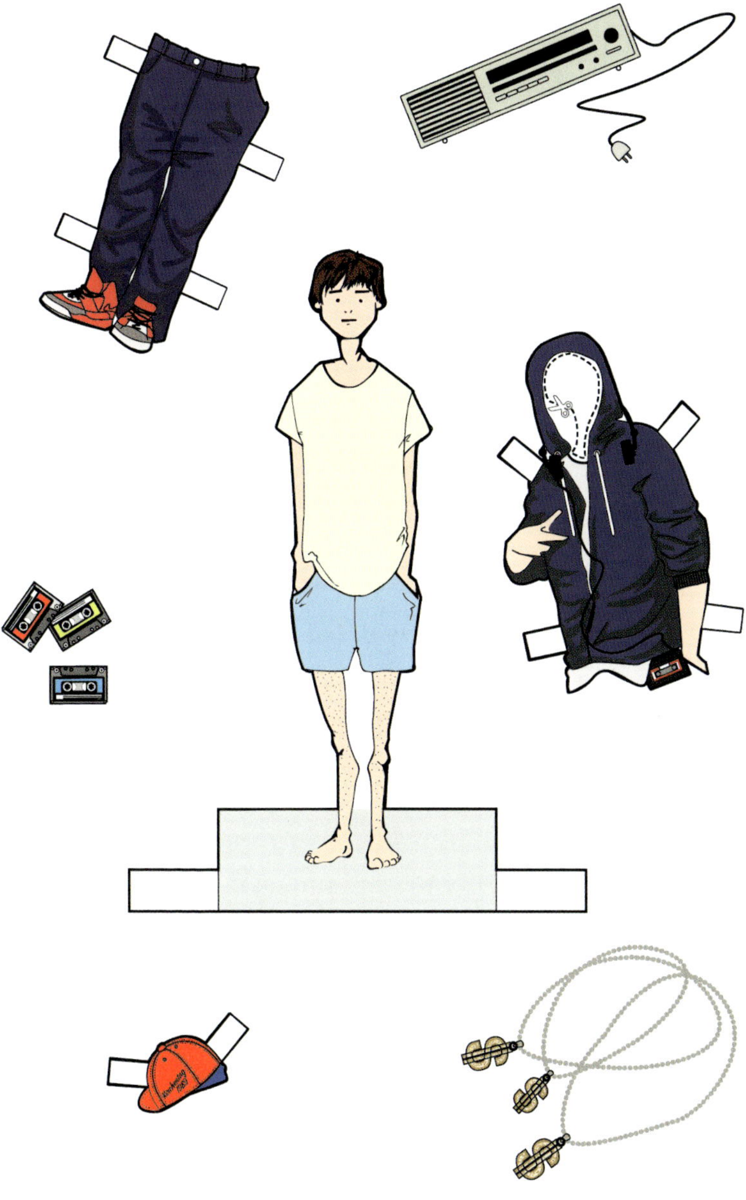

Weil unsere Eltern aber die Gangsta-Rap-Texte zu schlimm fanden, haben sie alle Songs auf der Kassette mit Reinhard Mey überspielt. Damit niemand merkt, dass wir gar keinen Gangsta-Rap *for real* hören, müssen wir die ganze Zeit »Ey, Alter, voll krass, Mann« vor uns hersagen.

Kurz vor der Schule treffen wir unseren Gangsta-Kollegen Dr. Dirk.

»Yo, ihr Sucka«, sagt der Doc. »Die Freiheit muss grenzenlos sein.«

»Yo«, sage ich. »In den Pfützen schwimmt Benzin, Alter.«

»Yo«, sagt der Bad Boy. »Schillernd wie ein fuckin' Regenbogen.«

Schließlich kommen wir an unserer Schule an.

»Homies, lasst mal ein paar Walkmans zocken«, ruft Bad Boy Flo und greift sich cool in den Schritt. Zu fest, wie es scheint, denn er verzieht sein Gesicht und redet plötzlich sehr hoch.

Wir gehen zu einem kleinen, niedlichen Fünftklässler und nehmen ihm seinen neuen silbernen Walkman weg. Immerhin sind wir schon in der siebten Klasse.

Der Fünftklässler hat aber noch viele Fünftklässler-Freunde, und zusammen verprügeln sie uns. Als wir geschlagen auf dem Boden liegen, nehmen sie *uns* die Walkmans weg.

»Voll peinlich!«, sagt der eine Fünftklässler aber, »ihr habt ja nur Reinhard-Mey-Kassetten.«

Da beschloss ich mich vom Gangsta-Rap abzuwenden und wurde Kommunist.

10. Wie ich einmal Kommunist war

Ich treffe mich mit meinen Genossen bei Dirks Eltern, um den ersten Ortsverband der KPD in Zehlendorf zu gründen.

Wir haben mehrere Ausgaben von Karl Marx' *Das Kapital* vor uns auf dem Tisch ausgebreitet. Leider habe ich nur eine alte sowjetische Ausgabe auf Russisch auftreiben können, Tina hat das Wirtschaftsmagazin *Capital* mitgebracht, und Dirk hat Karl Marx mit Karl May verwechselt und *Der Schatz im Silbersee* angeschleppt.

»Liebe Genossen, ich freue mich, dass ihr so zahlreich erschienen seid«, beginnt unser Großer Vorsitzender Florian, genannt Flo Chi Minh, seine Rede. Er zupft an seinem roten Schal herum, den er von seiner Mutter geklaut hat. Tina hat sich nach ihrem großen Vorbild Rosa Luxemburg die Haare rosa gefärbt, und Dirk trägt einen Cowboyhut und einen Pistolengurt, weil *Der Schatz im Silbersee* ja im Wilden Westen spielt. Immerhin hat er den Sheriffstern rot angemalt.

»Ich schlage vor, unmittelbar mit der Weltrevolution zu beginnen«, setzt Genosse Flo Chi Minh seine Rede fort. »Wir sollten zuerst das Privateigentum kollektivieren.« Er nimmt Dirk seinen neuen Gameboy weg und beginnt sofort Tetris zu spielen.

»Hey, das ist meiner!«, ruft Dirk.

»Nein, das gehört jetzt *uns allen*, Genosse Dirk!«, informiere ich ihn und stecke Dirks neues Nokia-Handy in meinen Rucksack.

»So hat das Karl May sicher nicht gemeint«, ruft Dirk und zieht seinen Revolver. Flo schlägt ihn Dirk aber mit der gewichtigen russischen *Kapital*-Ausgabe aus den Händen und fesselt ihn mit seinem roten Schal. Dazu grölt er: »Flo Flo Flo Chi Minh!«

»Wenn ihr nicht aufhört euch zu streiten, gründe ich meine eigene Partei«, rufe ich, »die Marxistisch-Lehmannsche Partei Deutschlands, kurz: MLPD.«

»Du elendiger Spalter!«, sagt Flo. »Dann gründe ich eben eine neue Kampforganisation: Flos Kommunistische Kameradschaft, die … FKK.«

»Ich will auch eine eigene Partei!«, ruft Dirk. »Sie heißt DKMP, Dirks Karl May Partei.«

»Wir sollten nicht gegeneinander kämpfen, die Bourgeoisie ist doch unser aller Feind«, versucht Tina die Wogen zu glätten. »»Die Geschichte aller bisherigen Gesellschaften ist die Geschichte von Klassenkämpfen‹, heißt es doch im *Kommunistischen Manifest*.«

»Genau!«, stimmt ihr Flo zu. »Wir sollten uns gegen die 5b vereinigen und sie so richtig fertigmachen.«

Wir rennen sofort zur Schule. Leider verprügeln uns die revisionistischen Fünftklässler wieder und verbieten unsere Kommunistische Partei.

Da beschloss ich mich vom Kommunismus abzuwenden und wurde Britpopper.

11. Wie ich einmal Britpopper war

Ich treffe mich mit meinen Britpop-Freunden in der *Oasis Bar*. Wir sind nämlich große Fans der englischen Band Oasis. Allerdings ist die *Oasis Bar* eine Cocktailbar, bei der Sand auf dem Boden liegt und Plastikpalmen rumstehen. Aus den Lautsprechern dröhnt abwechselnd Captain Jack und Peter André und gar keine britische Indiemusik.

Enttäuscht lassen wir uns auf den Liegestühlen an einem kleinen Wasserfall nieder. Das sieht etwas seltsam aus, weil wir wie unsere Vorbilder Schuhe von Clarks und Anoraks mit Buttons von unseren Lieblingsbands tragen. Leider konnten wir keine echten Bandbuttons auftreiben, deswegen mussten wir ganz viele »Atomkraft Nein Danke«-Anstecker bei einer Anti-Castor-Demo klauen.

Als die Bedienung kommt, bestellen wir uns jeder eine alkoholfreie Piña Colada, weil wir noch kein Bier trinken dürfen.

»Boys and girls«, sagt Flo, »ich finde eigentlich Blur viel besser als Oasis.«

»Du Verräter!«, rufe ich, »Oasis ist die beste Band der Welt!« Ich schwenke einen Union Jack. Also nicht direkt, da ich vorhin im Fahnenladen die britische Flagge mit der amerikanischen Südstaatenfahne verwechselt habe.

»Hä? Von was redet ihr?«, fragt Dirk verwirrt und nimmt einen Schluck Piña Colada aus einer Plastikkokosnuss.

Dirk kennt die zwei wichtigsten Britpop-Bands nicht, weil er immer noch lieber seine Biene-Maja-Kassetten hört. Er wäre gern Willi und ist in Maja verliebt. Obwohl er ein wenig Angst vor ihr hat, schließlich ist sie ja auch ein Mädchen.

Flo lächelt Tina an. »Ich hab ein Tape mit den besten Britpop-Songs für dich aufgenommen.« Er reicht ihr eine Kassette, auf deren Hülle er Herzchen und Sterne gemalt hat. Und auch ein durchgestrichenes Atomkraftwerk.

»Ich dir auch!«, rufe ich und gebe ihr mein Tape. Ich habe keine Herzchen daraufgemalt, sondern den Union Jack. Also, eher die Südstaatenflagge …

»Ich kann mich einfach nicht zwischen euch entscheiden«, sagt Tina verzweifelt.

»Love's the greatest thing that we have«, singt Flo sein Lieblingslied von Blur.

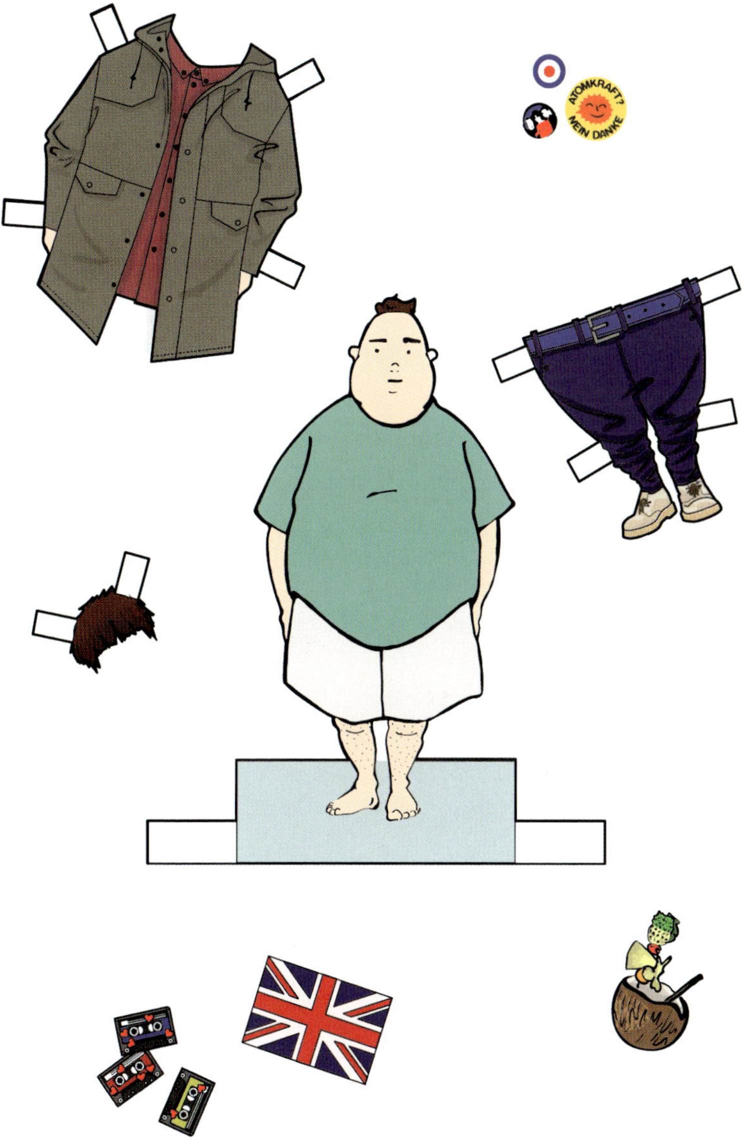
ATOMKRAFT?
NEIN DANKE

»You're gonna be the one that saves me. And after all, you're my wonderwall«, singe ich.

»Und diese Biene, die ich meine, nennt sich Maja«, stimmt Dirk ein.

Dann schmeißen mich die Kellner aus der Bar, weil sie wegen der Südstaatenflagge denken, ich sei ein Rassist.

Von draußen sehe ich, wie Flo und Tina verschämt Händchen halten. Dirk versucht daneben, die Plastikkokosnuss zu essen. Ich stecke die Kassette, die Tina verschmäht hat, in meinen Walkman und höre »Don't look back in anger« von Oasis. Aber das hilft auch nicht.

Da beschloss ich mich vom Britpop abzuwenden und wurde Snowboarder.

12. Wie ich einmal Snowboarder war

Ich stehe mit Florian und Dirk auf dem Teufelsberg im Grunewald. Wir tragen extradicke Daunenjacken in Neonfarben, riesige orangene Skihosen und verspiegelte Skibrillen. Außer Dirk, der aus Versehen eine Schweißerbrille gekauft hat.

»Meint ihr nicht, dass es zu spät zum Snowboarden ist?«, fragt er. »Ist doch schon dunkel.«

»Setz mal die bescheuerte Brille ab«, sagt Flo genervt.

Dirk gehorcht. »Oh, ich kann wieder sehen!«, ruft er begeistert.

Wir ignorieren ihn und lassen unsere Blicke über den Horizont schweifen. Dort zeichnen sich die anderen Berliner Berge ab: Der fast ebenso hohe und für seine gefährlichen Absturzpisten berühmte Kreuzberg, der massive Gipfel des Schönebergs und sogar die weit entfernten Prenzlauer Berge kann man heute erkennen.

»Der perfekte Tag zum Snowboarden!«, ruft Flo. Wir schnallen unsere Boards an. Nur Dirk nicht, denn er fährt noch Ski. Seine Mutter fand, Snowboarden sei viel zu gefährlich. Sie fand aber auch Skifahren zu gefährlich und wollte ihm keine Skier kaufen – stattdessen hat er sich Dachlatten unter seine Moonboots geschnürt.

Flo und ich beginnen mit der Abfahrt. Nach drei Metern fallen wir hin. Zum Glück federn uns die dicken Daunenjacken ab.

Dirk steht noch oben, er ist mit seinen blöden Dachlattenskiern keinen Zentimeter vorangekommen. Seine Stöcke stecken in der Erde fest. »Ich glaube, wir sollten warten, bis Schnee fällt«, meint er.

»Mann, Dirk, du bist voll der Loser«, sagt Flo und rappelt sich wieder auf. »Es ist doch gerade erst Juli, da müssen wir ja noch ewig warten.«

Dirk beginnt zu weinen und versucht noch einmal loszufahren. Aber er fällt in Ohnmacht, weil er wegen der dicken Daunenjacke einen Hitzschlag bekommt.

Flo und ich boarden weiter. Nach zwei Metern stürzen wir wieder und rollen einfach so den Berg runter.

»Und jetzt gehen wir zum Après-Ski!«, ruft Flo, als wir endlich unten angekommen sind. Er holt eine Thermoskanne Glühwein gemischt mit Kleiner Feigling und Red Bull hervor und spielt auf seinem Walkman DJ Ötzi.

Da beschloss ich mich vom Snowboarden abzuwenden und wurde Emo.

13. Wie ich einmal Emo war

Ich stehe mit Depri Dirk und Trauerflo traurig auf dem Alexanderplatz. Es regnet. Zum Glück, denn wir Emos hassen die Sonne.

»Der Himmel weint um uns«, sage ich, und die anderen nicken traurig. Zusammen weinen wir ein bisschen mit dem Regen. Das tut gut. Depri Dirk hört gar nicht mehr auf, er ist einfach sehr geübt im Heulen.

Trauerflo und ich haben unsere schwarz gefärbten Haare so über die Stirn gekämmt, dass ein Auge verdeckt ist. Nur Dirk hat sich die Haare über beide Augen gelegt und läuft ständig gegen Wände und Passanten, weil er nichts mehr sieht.

Uns ist sehr langweilig. Ich kaue an meinen schwarz lackierten Fingernägeln rum. Leider war ich nicht so gut im Lackieren und habe aus Versehen meine ganzen Fingerkuppen schwarz angemalt. Morgen habe ich einen Termin beim Arzt, weil meine Eltern denken, ich hätte Hautkrebs.

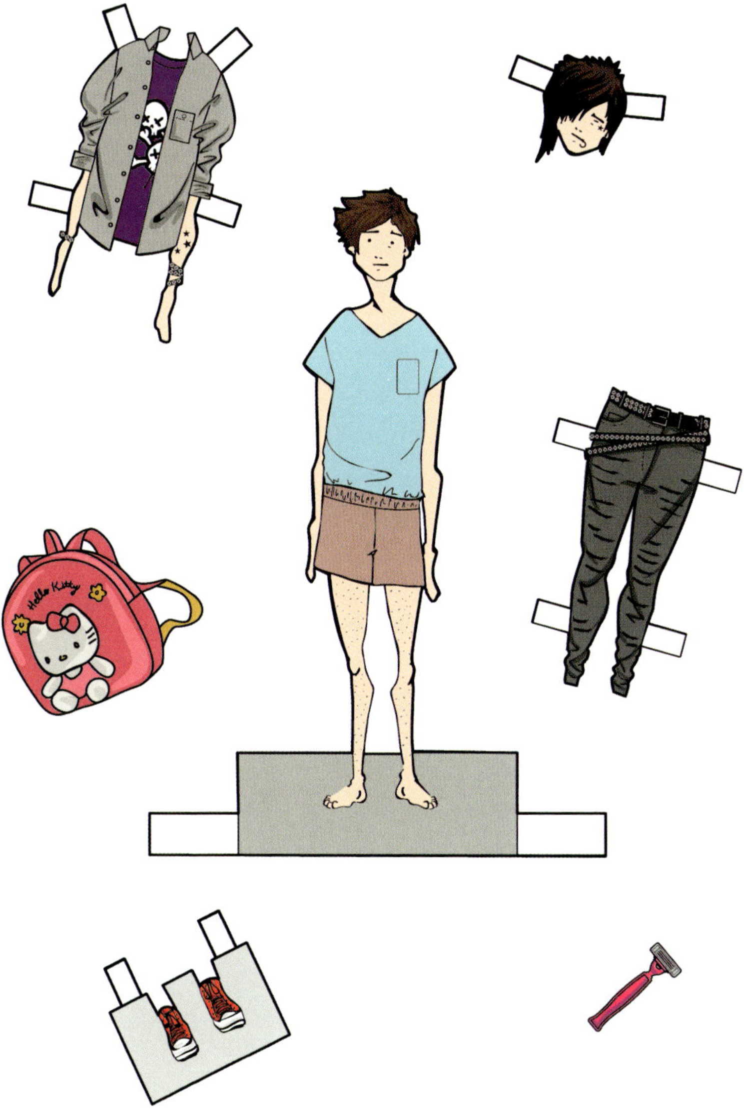
Hello Kitty

»Ich bringe mich um!«, ruft Flo auf einmal.

»Schon wieder?«, frage ich.

Flo holt eine Rasierklinge aus seiner Tasche. Leider ist es keine richtige Klinge, sondern der Ladyshaver seiner Mutter. Damit versucht er sich die Pulsadern aufzuschneiden, aber eigentlich rasiert er nur seinen Unterarm.

Tina kommt traurig zu uns auf den Alexanderplatz geschlurft. Sie ist wirklich total emo, bei ihrem Selbstmordsprung aus dem Erdgeschoss unserer Schule hat sie sich sogar kürzlich den Knöchel verstaucht. Wie immer trägt sie einen schwarzen Rock mit Totenköpfen, karierte Vans-Slipper und einen winzigen *Hello-Kitty*-Rucksack. Dirk wollte auch einen Rucksack von *Hello Kitty*, deswegen hat er auf seinen riesigen eckigen Scout-Schulranzen das Logo draufgemalt. Er hat sich aber vertan und *Hello Titty* geschrieben.

»Schau mal, mein neues Tattoo«, sagt Flo stolz und zeigt Tina sein Sternchen-Tattoo auf dem rasierten Unterarm. Tina fängt an zu weinen, aber das bedeutet bei ihr, dass sie etwas sehr gut findet. Ich bin voll neidisch auf Flo. Das macht mich noch trauriger.

Um mich zu trösten, geht Dirk mir ein Bier mit Kirschgeschmack holen. Er läuft aber gegen einen Baum und fällt um.

Wir bekommen einen Lachkrampf. Zum ersten Mal seit Tagen. Entsetzt schauen wir uns an.

»Aber das darf man doch nicht als Emo«, sagt Flo grinsend.

Aber wir müssen wieder lachen und können gar nicht mehr aufhören.

Da beschloss ich mich gut gelaunt von den Emos abzuwenden und wurde Raver.

14. Wie ich einmal Raver war

»Bei Eberswalde soll voll der krasse Rave abgehen«, sagt Florian, der sich jetzt nur noch DJ Flo United nennt. »Lasst mal dahin fahren.«

»Ok Mann, ok Mann, ok Mann, ok Mann«, sage ich und wippe rhythmisch mit dem Kopf.

»Geil, geil, geil, geil, geil, geil, geil, geil«, ruft Flo United und macht ein paar monotone Dancemoves.

Zusammen mit Dirk Xtreme und Tina Eastbam (sie ist in Sachsen-Anhalt geboren) fahren wir mit dem Regionalexpress nach Eberswalde.

Flo United und ich tragen orangene Müllmännerwesten, ich habe mir dazu ein neongelbes T-Shirt mit einem riesigen Smiley angezogen. Tinas Augenbrauen sind wie bei Marusha lila gefärbt, und ihre Haare leuchten neongrün, was gut zu ihrem rosa Kuhfell-Pulli passt. Dirk trägt den Häschen-Plüschrucksack seiner kleinen Schwester und die Bienenfühler seines Biene-Maja-Kostüms.

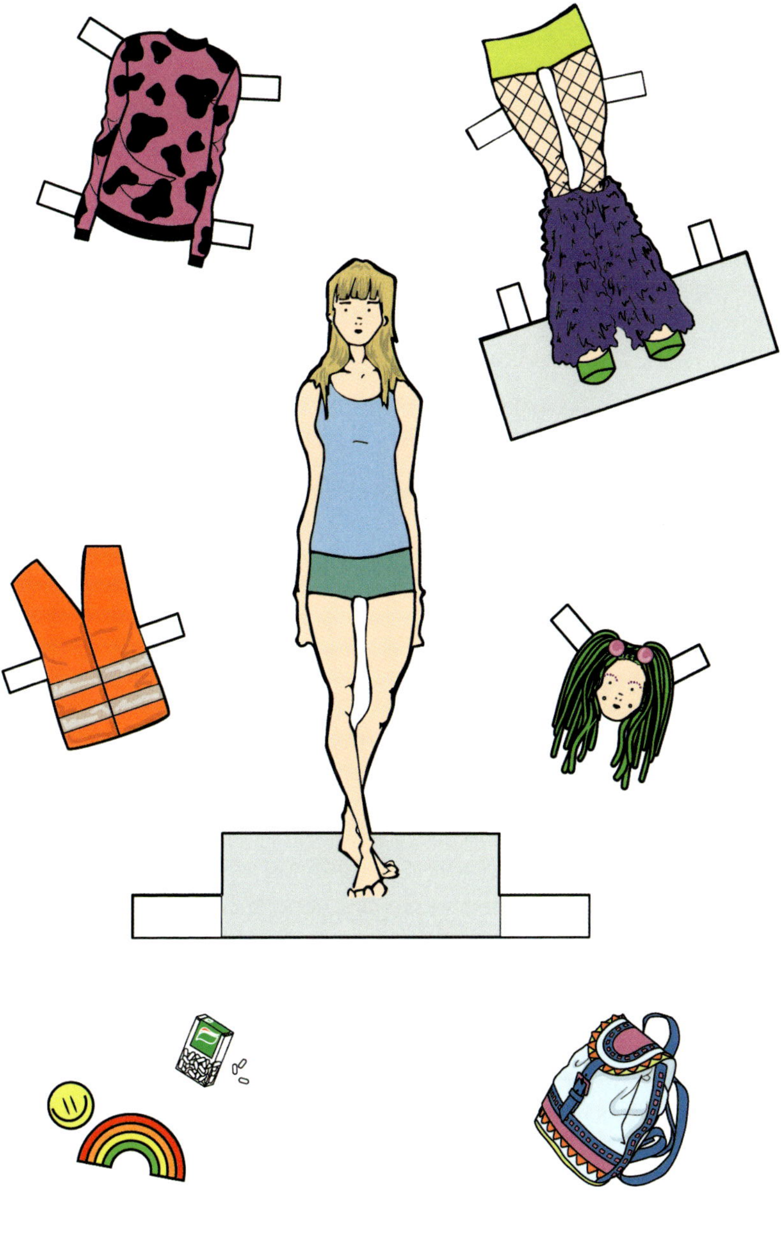

In Eberswalde irren wir erst mal zwei Stunden durch den dichten Brandenburger Wald, weil wir den Rave nicht finden. Alle paar Meter halten wir an und dancen ein wenig.

»Wer will Pillen?«, fragt Dirk Xtreme und holt ein paar weiße Tabletten aus seiner Hosentasche.

Wir werfen uns jeder zwei ein. Sie schmecken angenehm nach Pfefferminz.

»Sind das etwa Tic Tacs?«, frage ich.

»Ich sehe voll den krassen Regenbogen«, ruft Tina plötzlich. Sie verdreht ihre Augen total komisch und singt *Somewhere over the Rainbow*.

»Ich liebe die Sonne«, verkündet Flo, dabei fängt es gerade an zu regnen. Dann umarmt er einen Baum und reibt sich ausgiebig an der Rinde.

Dirk schaut erschrocken die Tic Tacs an.

Auf einmal treten wir auf eine Lichtung und stehen vor einer großen Müllhalde.

»Oh, yeah, hier ist der Raaaave!«, rufen Flo und Tina und beginnen auf einem Lastwagen zu tanzen. Die echten Müllmänner blicken sie entgeistert an.

Dirk holt die restlichen Tic Tacs aus seiner Hosentasche und schmeißt sie sich alle auf einmal ein. Sofort umarmt er einen der Müllmänner und reibt sich an ihm.

Da beschloss ich mich vom Raven abzuwenden und wurde Christ.

15. Wie ich einmal Christ war

Tina gähnt ausgiebig. »Warum muss denn die Kirche so früh anfangen?«, beschwert sie sich. »Ist Gott Frühaufsteher oder was?«

»Ich hatte gar keine Zeit mehr zu frühstücken und hab voll Hunger«, jammert Dirk. Sein Magen knurrt laut, das Geräusch hallt in der ganzen Kirche wider.

Ich schüttle missbilligend den Kopf und bete erst mal drei Vaterunser, um mich von den Sünden meiner ungläubigen Freunde reinzuwaschen.

Außer uns bevölkern nur vier Seniorinnen in Pelzmänteln die Bänke. Ihre Rollatoren haben sie neben dem Weihwasserbecken abgestellt.

Auf einmal kommt Flo in die Kirche gestolpert und setzt sich neben uns. Er hat sein Gesicht weiß geschminkt und die Haare schwarz gefärbt. Um seinen Hals trägt er eine Kette, an der ein Kreuz falsch rum hängt.

»Wie siehst du denn aus?«, flüstere ich entsetzt.

»Flo hat Gothic mit Gotik verwechselt«, sagt Tina.

Flo zieht seinen Pulli aus, und zum Vorschein kommt ein T-Shirt mit dem Aufdruck »The Devil fucks you«.

Die Seniorinnen blickend ihn strafend an.

»Man lebt nur einmal«, ruft er ihnen zu.

»Jesus nicht, du Opfer«, sagt eine Seniorin.

Der Pfarrer betritt feierlich den Altar und beginnt monoton zu beten. Die Fünftklässler, die für den Pfarrer als Ministranten arbeiten, trinken derweil den ganzen Messwein aus und bedrohen uns heimlich mit ihren Butterfly-Messern. Tina schläft trotzdem ein, und Dirk beginnt eine mitgebrachte Bifi zu essen. Ich bete schnell noch vier Vaterunser.

Danach stehen alle auf und bekommen vom Pfarrer eine Hostie gereicht. Dirk nimmt gleich fünf, weil er immer noch Hunger hat. Er legt eine Bifi dazwischen.

»Ein Hostien-Burger«, schwärmt er.

Flo bringt der Seniorin gerade den Metalgruß bei. Und als die Orgel das Halleluja einspielt, headbangen sie zusammen.

»Geil düstere Songs«, schwärmt Flo.

»Entschuldigung, wir sind hier in einem Gotteshaus«, rufe ich empört.

»Spießer!«, ruft die Seniorin.

Flo und sie geben sich die Ghetto-Faust.

Da beschloss ich mich vom Christentum abzuwenden und wurde Reggae-Rastafari.

16. Wie ich einmal Reggae-Rastafari war

»Hi, Rastafaris«, ruft Florian und setzt sich zu uns in den Park. Wie wir trägt er eine extra weite lila Stoffhose, ein Stirnband und ein orangenes Batik-T-Shirt. Nur Dirk hat sich verbatikt, und sein T-Shirt ist jetzt einfach komplett braun.

Seit drei Wochen haben wir uns die Haare nicht mehr gewaschen, und inzwischen sind sie schon so verfilzt, dass sie wie echte Rastalocken aussehen. Auf Flos Haarmähne sitzt sogar ein Vogel und baut ein Nest. Nur Dirk hat keine Rastas, weil er Läuse bekommen hat und ihm deswegen eine Glatze geschoren werden musste.

»Das sieht voll doof aus mit der Echthaarperücke von deiner Oma«, sagt Tina zu Dirk und schaut ihn angewidert an.

Dirk beginnt zu weinen, aber Flo spielt auf seinem Didgeridoo *No Woman, No Cry* von Bob Marley, und Dirk geht es sofort besser.

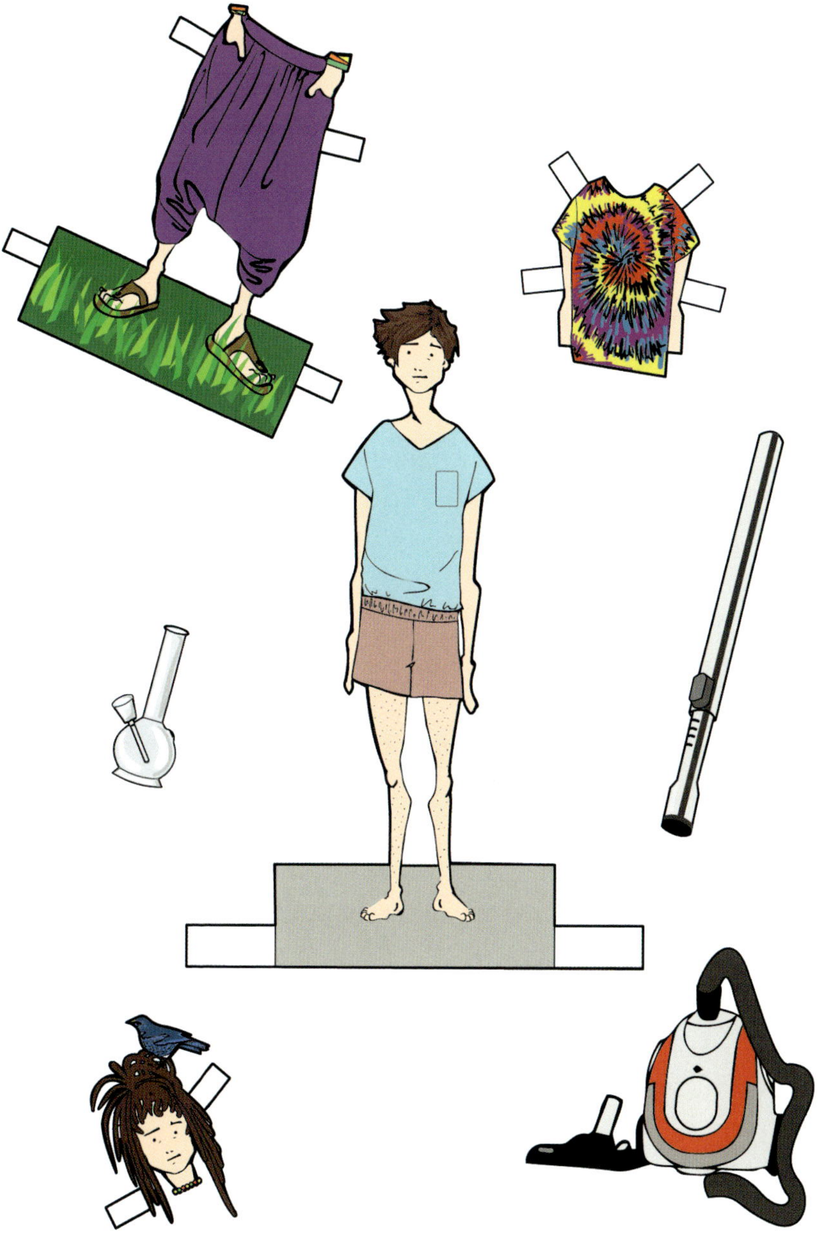

Flo besitzt allerdings gar kein echtes Didgeridoo, sondern nur ein Staubsaugerrohr. Und er bekommt nur hin und wieder ein »Do Do Do Do« heraus. Schließlich bläst er so stark ins Rohr, dass er ohnmächtig wird.

»Get up, stand up«, singe ich, und Flo wacht sofort wieder auf.

»Lasst mal was zu kiffen kaufen«, schlägt Tina vor.

»Aber das ist doch so gefährlich!«, sagt Dirk. »Nicht dass wir abhängig werden und elend in der Gosse verenden.«

Wir schauen Dirk verwundert an.

»Bob Marley lebt doch auch noch«, sagt Flo. »Und der hat die ganze Zeit gekifft.«

»Bob Marley ist schon ewig tot!«, sagt Tina und lacht Flo aus.

Ich lache mit, obwohl ich auch dachte, Bob Marley würde noch leben.

Schließlich trauen wir uns und gehen zu zwei Grasverkäufern hin, die immer im Park sitzen. Tina fragt sie, ob sie ein halbes Gramm Weed für uns hätten.

»Seid ihr überhaupt schon achtzehn?«, fragt der eine und betrachtet uns misstrauisch.

»Natürlich«, behauptet Flo, »er hat sogar schon eine Glatze!« Er zeigt auf Dirk, der sich ängstlich hinter Tina versteckt, obwohl er doppelt so breit ist. Aber die Grasverkäufer wollen trotzdem unsere Ausweise sehen.

Da beschloss ich mich vom Raggae abzuwenden und wurde Mittelalter-Fan.

17. Wie ich einmal Mittelalter-Fan war

Ich stehe mit meinen beiden ruhmreichen Gefährten – genannt »Der tapfere Floritter« und »Der dickliche Drachentöter-Dirk« – vor einer Schenke und trinke aus einem Ochsenhorn ein leckeres Gebräu. Leider ist es keine echte Schenke, sondern nur eine Bude auf dem Mittelaltermarkt am Alexanderplatz. Und das Gebräu ist Cola light und das Ochsenhorn ein Plastikbecher.

»Gefährten«, ruft der tapfere Floritter, »lasst uns die Kunst des Bogenschießens üben, damit wir für kommende Kämpfe wohl gerüstet sind.«

»Welch ausgezeichnete Idee!«, antworte ich, der ich mich nur noch »Der segensreiche Sebastian« nenne.

Wir gehen zu einem Stand, an dem man Bogen schießen kann. Flo ist voll gut, er schießt sofort eine zwei Meter große Diddl-Maus und vier rote Plastikrosen. Er schenkt sie unserem Burgfräulein Tina.

Ich treffe leider nur Dirks Auge. Das findet der Standbesitzer aber so lustig, dass er mir einen Weihnachtsmann aus Holz schenkt. Denn eigentlich stehen wir auch nicht auf dem Mittelaltermarkt, sondern nur auf einem Weihnachtsmarkt.

Immerhin tragen Flo und ich eine Ritterrüstung. Flo hat sogar ein Schwert dabei. Es ist allerdings nicht ganz echt, sondern nur ein Dönerspieß, den wir bei einem Döner-Laden geklaut haben.

»Holder und segensreicher Sebastian«, sagt Flo und schneidet mit dem Spieß einen Schinken am Stand nebenan in zwei Teile, »lass uns jetzt aufsatteln und weiterreiten.«

»Oh, natürlich, stolzer und tapferer Floritter.« Ich wende mich zum dicklichen Drachentöter. »Knappe Dirk, hole du die Pferde!«

»Warum bin ich nur ein Knappe, und ihr seid Ritter?«, ruft Dirk und hält sich sein Auge. »Außerdem habe ich schon einen Drachen getötet.« Er hält seinen Hamster Schnulle hoch, den er vorhin mit dem Dönerspieß erstochen hat. Also, eigentlich ist er eines natürlichen Todes gestorben, nachdem ihn Dirks Mutter mit dem Staubsauger eingesaugt hat.

»Du hast eben auch keine solch schöne Rüstung wie wir, Knappe Dirk.« Ich deute auf seinen Lendenschurz, der eigentlich nur eine Boxershorts mit Biene-Maja-Aufdruck ist.

»Und wie willst du überhaupt reiten mit zwei gebrochenen Armen?«, ruft Tina.

»Das ist schon lange verheilt«, schluchzt Dirk, aber wir ignorieren ihn.

»Noch ein bisschen Christstollen, Tina?« Flo schneidet mit seinem Spieß ein Stück Kuchen am Stand nebenan ab.

Wir gehen zu unseren Fahrrädern – denn momentan können wir uns noch keine Pferde leisten. Als wir aufsteigen, knistert unsere Ritterrüstung. Wir besitzen nämlich auch keine echte Rüstung – stattdessen haben wir uns komplett mit Alufolie eingewickelt. Wegen unserer Alu-Hüte wurden wir vorhin schon für Verschwörungstheoretiker gehalten.

Wir wollen gerade losfahren, da sieht uns der Dönerladen-Besitzer, holt sich seinen Spieß zurück und zwingt uns, hundert Döner zuzubereiten, die wir in unsere Ritterrüstung einwickeln müssen.

Da beschloss ich mich vom Mittelalter abzuwenden und wurde Pfadfinder.

18. Wie ich einmal Pfadfinder war

Ich sitze mit meinem Pfadfinder-Stamm vor unserem Zelt im Wald.

»Tina, kriegst du das Feuer endlich an?«, fragt Flo schlotternd. Vielleicht war es doch keine gute Idee, im Januar zelten zu gehen. Immerhin habe ich mich in die Profi-Decke meiner Eltern gewickelt.

»Der blöde Feuerstein funktioniert einfach nicht«, beschwert sich Tina, die schon seit einer Stunde versucht, mit trockenen Ästen und dem Pfadfinder-Feuerstein ein Lagerfeuer zu entzünden.

Natürlich tragen wir alle unsere Pfadfinderkluft mit Halstuch. Flo ist unser Stammführer, er hat sein ganzes Hemd mit Abzeichen behangen. So viele hat er allerdings noch nicht, deswegen musste er auch ein paar Supermarkt-Treueherzen dazukleben.

Dirk setzt sich zu uns. »Ich hab schon ganz viele Flaschen gefunden«, ruft er begeistert und leert eine Tüte mit leeren Bierflaschen aus.

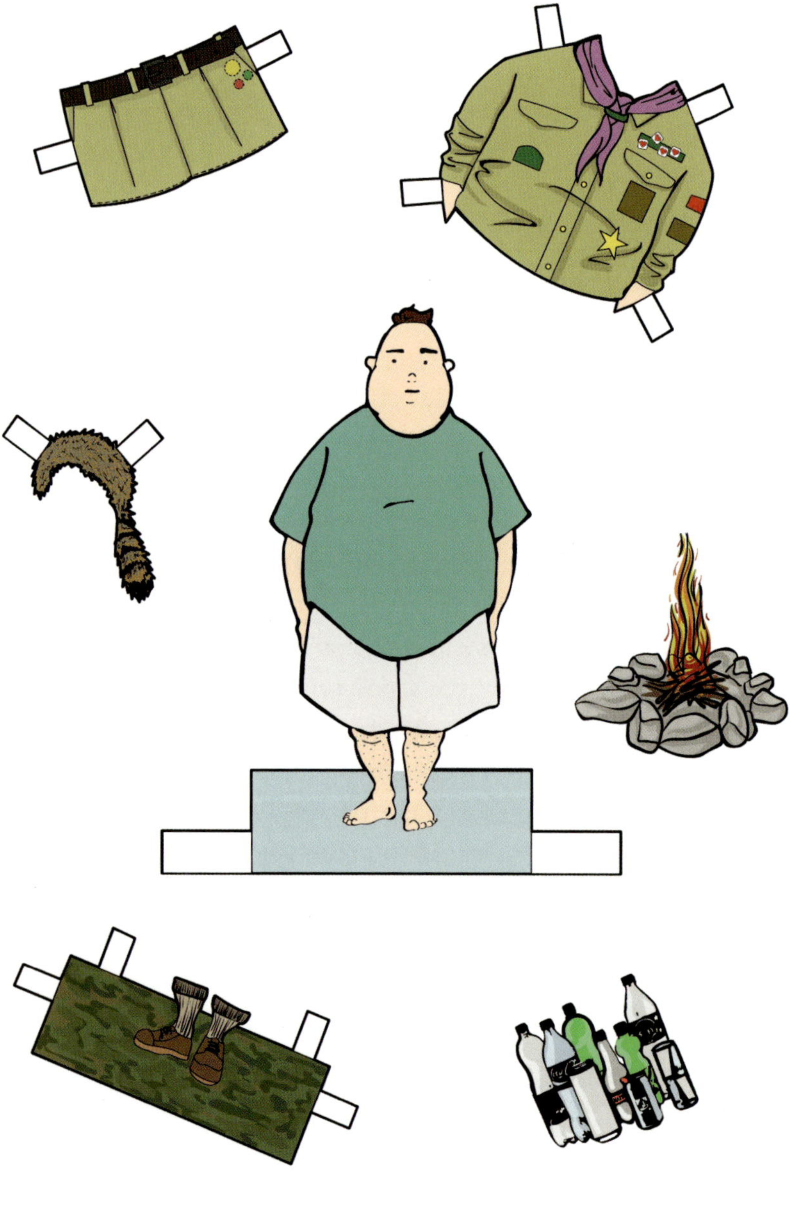

»Wir sind Pfadfinder, nicht Pfandfinder!«, sagt Flo.

»Ihr habt ja nicht mal ein Lagerfeuer«, lenkt Dirk schnell von seinem Irrtum ab und wirft sich den lila Seidenschal seiner Mutter um, den er statt eines Halstuchs mitgenommen hat.

»Probier du's doch mal, wenn du denkst, dass du es besser kannst!« Tina wirft Dirk den Feuerstein zu. Der holt ein Feuerzeug aus seiner Tasche und versucht den Stein anzuzünden.

»Du hast ein Feuerzeug?«, ruft Tina, reißt es Dirk aus der Hand und zündet damit die trockenen Äste an. Ich klaue Dirk schnell noch den Seidenschal und lege ihn auf die Äste. Der Schal brennt voll gut, und bald haben wir ein schönes Lagerfeuer.

Auf einmal kommt mein Opa in den Garten gestapft. Wir sind nämlich gar nicht im Wald, weil wir das nachts zu gruselig finden, sondern campen im Garten meiner Großeltern. Neben dem Rosenbeet meiner Oma und dem Karpfenteich war gerade noch genug Platz für unser Zelt.

»Ihr macht Wehrübungen, sehr gut!«, ruft mein Opa. »Das kenn ich noch von früher.« Zum Glück hat er seine alte Uniform heute nicht an.

»Das ist was anderes!«, rufen wir empört. »Wir sind Pfadfinder.«

»Das Feuer ist schon wieder aus«, beschwert sich

Dirk und schüttet eine halbe Flasche Brennspiritus auf die glühenden Äste. Sofort fangen Dirks Kleider Feuer, er rennt panisch ins Zelt, das auch zu brennen anfängt, und springt dann in den Karpfenteich.

Mein Opa schüttelt resigniert den Kopf und geht zurück ins Haus. »Mit diesem Nachwuchs ist unser Vaterland verloren.«

Da beschloss ich mich von den Pfadfindern abzuwenden und wurde Straight Edge.

19. Wie ich einmal Straight Edge war

»Will jemand was von meinem Döner ab?«, fragt Dirk mit vollem Mund. Wir sind gerade auf dem Weg zu einem Konzert unserer liebsten Straight-Edge-Punkband. »Ich kann nicht mehr, ist schon mein dritter heute.«

»Oh, Mann, Dirk«, sagt Flo. »Wir sind Straight Edge, wir essen keine tierischen Produkte.«

»Ich dachte, Straight Edge wäre ein Pokerblatt«, schmatzt Dirk, »bei dem man jemanden total verarscht hat – und dann sagt: ›Schau mal, ich habe einen Straight, Ätsch‹.«

»Straight Edge bedeutet kein Fleisch, keine Drogen, kein Alkohol und Sex nur mit einem Partner«, erkläre ich.

»Ich hatte Sex bis jetzt auch nur mit einem Partner«, sagt Dirk und schluckt den letzten Bissen Döner runter. »Mit mir.«

Flo und ich schütteln angewidert unsere Köpfe.

Wie es sich für richtige Straight Edger gehört, sind wir beide von oben bis unten tätowiert. Unsere Eltern erlauben uns aber immer noch keine echten Tattoos. Deswegen mussten wir uns vorhin gegenseitig Tribals mit Handmalfarbe auf unsere Oberarme und Beine malen. Die Farbe ist aber inzwischen schon voll alt und hält nicht mehr richtig. Es sieht jetzt eher aus, als wären wir einfach sehr, sehr dreckig.

Immerhin haben wir Piercings im Gesicht – und auch woanders.

»Warum läufst du denn so komisch?«, fragt mich Dirk.

»Der Ring da unten«, ich deute auf meinen Schritt, »steckt irgendwie nicht so richtig drin, vorhin ging das beim Pinkeln auch in alle Richtungen ...«

»Du bist so eklig!«, ruft Flo und versucht seine Tribal-Tattoos mit einem Filzstift nachzuziehen.

Endlich kommen wir am Club an, wo das Konzert stattfindet.

»Wie seht ihr denn aus? Wascht euch erst mal!«, sagt der Türsteher und lässt Flo und mich nicht rein.

»Ätsch«, sagt Dirk und geht alleine in den Club.

Da beschloss ich mich vom Straight Edge abzuwenden und wurde Backpacker.

20. Wie ich einmal Backpacker war

Es regnet. Ein Auto rast an uns vorbei, und Dirk spritzt Wasser aus einer Pfütze ins Gesicht.

»Manno, wir kommen einfach nicht mehr weiter«, ruft er.

Wir stehen an der Autobahnauffahrt Potsdam und wollen nach Goa trampen. Aber kein Autofahrer hält an.

Dabei sind wir gut vorbereitet. Wir haben uns riesige Rucksäcke aufgeladen, außer Dirk, der zieht seinen Kinder-Rollkoffer mit kleinen Maikäfern darauf hinter sich her. Dazu tragen wir kurze Hosen, Sandalen und T-Shirts vom Hard-Rock-Café in Braunschweig. Es sind zwei Grad unter null, und der Regen hat sich inzwischen in Schnee verwandelt.

»Ich will nach Hause«, jammert Dirk. »Wir kommen doch nie hier weg.«

»Shanti, Shanti«, sage ich und zünde ein Räucherstäbchen an. Das nächste Auto rast an uns vorbei, und das Wasser spritzt das Räucherstäbchen sofort wieder aus.

Zum Glück ist Flo ein erfahrener Backpacker. Er war schon mal mit seinen Eltern in der Eiffel campen. Er holt einen *Lonely-Planet*-Reiseführer aus seinem Rucksack. Leider ist er von 1980 und für die DDR.

»Wir könnten in Potsdam das historische Holländische Viertel anschauen«, schlägt Flo vor und blättert im Reiseführer. »Wenn der Name hält, was er verspricht, können wir da bestimmt was zu kiffen bekommen.«

Da hält plötzlich ein Lastwagen vor uns an. Die Tür geht auf, und der Fahrer fragt, wo wir hinwollen.

»Nach Goa«, sage ich.

»Nach Potsdam«, sagt Flo.

»Nach Hause«, sagt Dirk.

»Wie wär's mit Braunschweig?«, ruft der Lastwagenfahrer lachend und fährt ohne uns weg.

Da beschloss ich mich vom Backpacken abzuwenden und wurde Grufti.

21. Wie ich einmal Grufti war

Es ist Mitternacht, und wir sitzen auf dem Friedhof. Unsere Gesichter haben wir weiß geschminkt und unsere Haare schwarz gefärbt. Nur Dark Dirk hat wieder alles falsch verstanden und sein Gesicht schwarz geschminkt und die Haare weiß gefärbt. Er sieht jetzt aus wie ein sehr alter Mann, der zu oft ins Solarium geht.

Außerdem tragen wir schwarze Samtumhänge, Amulette und umgedrehte Kreuze um den Hals. Tina hat sich ihren neuen Namen Angel Child auf den Arm geschrieben, sich eine Spitzen-Korsage und Schnürstiefel angezogen und mit Kajalstift eine schwarze Träne unters Auge gemalt. Schweigsam sitzt sie da und hört ausschließlich The Cure auf ihrem Walkman.

»Malst du mir auch eine Träne unters Auge?«, frage ich.

»Boys don't cry«, sagt sie leise.

Es ist eigentlich auch gar nicht Mitternacht, weil wir nur bis halb neun draußen bleiben dürfen – sondern Mittag. Und da die Sonne scheint, zerfließt unsere Schminke. Dark Dirk sieht jetzt aus wie ein sehr alter Mann, der im Solarium was falsch gemacht hat.

»Ob hier auf dem Friedhof auch andere Vampire begraben liegen?«, fragt Florian, der sich nun Graf Flo nennt. Er steckt sich seine Vampirzähne in den Mund und zündet ein paar Kerzen an. Statt eines echten Vampirgebisses benutzt er allerdings zwei Kaugummis, die er sich unter die Oberlippe klemmt.

»Was stinkt denn hier so?«, fragt Angel Child auf einmal.

Dark Dirk deutet auf mich. »Das kommt von Sad Sebastian.«

»Das ist mein Patchouli-Parfum«, entschuldige ich mich. Schließlich muss man als Grufti ja nach Verwesung riechen. Leider ist es kein echtes Patchouli, stattdessen habe ich mich vorhin einfach eine halbe Stunde in die Biotonne gesetzt.

Plötzlich kommt ein Trauerzug mit einem Sarg auf uns zu. Wir verstecken uns hinter einem Grabstein, nur Dirk ist zu langsam. Die Witwe entdeckt ihn und hält ihn wegen seiner weißen Haare für den Geist ihres verstorbenen Mannes und fällt in Ohnmacht.

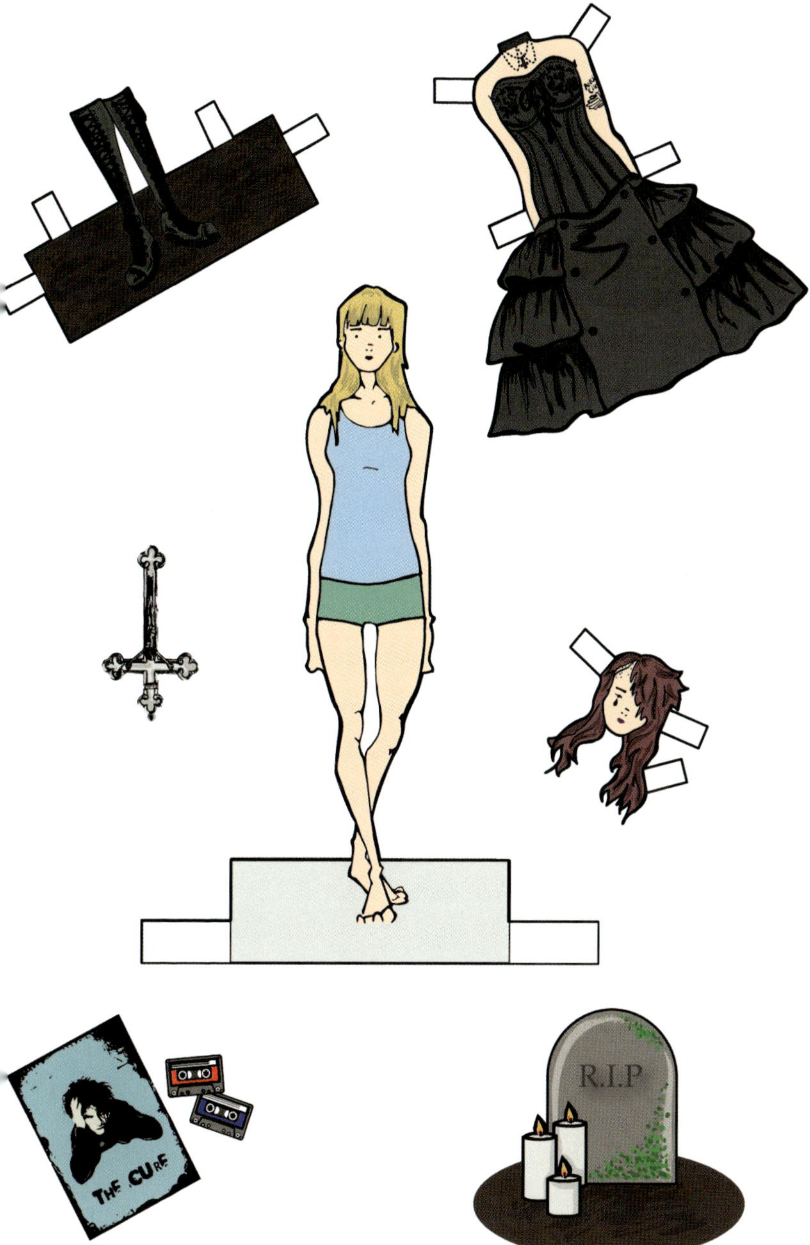
THE CURE
R.I.P

Da sieht uns der Pfarrer und hetzt die brutalen Fünftklässler-Ministranten auf uns. Sie schubsen uns ins nächste Grab und bewerfen uns mit Erde.

Da beschloss ich mich von den Gruftis abzuwenden und wurde Breakdancer.

22. Wie ich einmal Breakdancer war

»Macht mal *It's like that* von Run DMC an!«, ruft Flo.

Wir stehen im Kreis um ihn und tragen riesige Baggypants, klobige weiße Turnschuhe und weite Kapuzenpullis. Dirks XXXL-Pulli ist allerdings nicht besonders weit, weil seine normale Größe schon XXL ist. Er sitzt konzentriert vor seinem Ghettoblaster und versucht Flos Wunsch nachzukommen.

Eigentlich ist es kein richtiger Ghettoblaster, sondern nur sein Kinderkassettenrekorder. Und wie immer hat er auch ausschließlich seine Biene-Maja-Kassetten dabei und legt die erste Folge ein, *Biene Maja und die kleine Raupe*.

Flo lässt sich nicht beirren und beginnt mit seinen Breakdancemoves. Er schüttelt die Arme total lässig, springt von einem Bein aufs andere und fragt, ob wir im Haus sind.

»Aber wir sind doch in der Fußgängerzone«, stammelt Dirk verwirrt.

»Das sagt man doch nur so als Breakdancer!«, belehrt ihn Tina.

Dann macht Flo plötzlich einen Kopfstand.

Wir nicken beeindruckt, einige Touristen versammeln sich um uns und schauen ihm gespannt zu. Auch ein paar Kinder bleiben stehen, weil sie die Biene-Maja-Kassette anhören wollen.

»Und was jetzt?«, fragt Flo schwer atmend.

»Du musst dich auf deinem Kopf drehen«, sagt Tina. »Das kann doch nicht so schwer sein. Die Fünftklässler können das auch!«

»Ich falle gleich um«, sagt Flo und fällt um. Dabei schlägt er zwei spanischen Touristen seine Schuhe ins Gesicht.

»Oh, that's so Berlin«, rufen sie begeistert. »Everybody is on drugs!«

»Ich zeig dir mal, wie echter Breakdance geht!« Ich lege mich auf den Rücken, stütze mich mit meinen Armen ab und versuche meine Beine rumzuwirbeln. Dabei treffe ich Flo am Hinterkopf, und er wird ohnmächtig.

Mittlerweile hat sich ein Kreis von Touristen um uns gebildet. Sie schauen uns begeistert zu.

»That's the famous deconstructive Berlin Art Scene«, erklärt ein Amerikaner mit Fotoapparat seiner Frau. Tina geht mit einem Hut rum und sammelt Geld ein.

»Jetzt bin ich dran!«, ruft Dirk und versucht den Moonwalk zu machen, stolpert aber sofort über seine eigenen Füße, fällt hin und bricht sich schon wieder beide Arme.

»Vielleicht kommt Breakdance ja auch davon, dass man sich dabei was bricht«, sagt Tina und geht kopfschüttelnd nach Hause.

Dann klauen die Kinder auch noch Dirks Biene-Maja-Kassetten.

Da beschloss ich mich vom Breakdancen abzuwenden und wurde Skinhead.

23. Wie ich einmal Skinhead war

Ich fahre mit der Hand über meinen kahlen Kopf. Es fühlt sich etwas seltsam an, aber natürlich mussten wir unsere Haare abrasieren. Leider habe ich am Hinterkopf ein paar vergessen und sehe jetzt eher aus wie ein esoterischer Rentner mit Zopf.

Dirk hat wieder was falsch verstanden und einen fleischfarbenen Hut aufgezogen. Dabei hat er ja wegen den Läusen immer noch eine Glatze.

Wie Flo trage ich schwere Doc Martens, eine graue Bomberjacke und ein weißes Polohemd mit schwarzen Hosenträgern. Dirks Mutter wollte ihm allerdings keine neuen Hosenträger kaufen, deswegen hat er jetzt welche mit dem Pumuckl drauf an. Passt zumindest gut zu seinem Biene-Maja-Poloshirt.

»Oi! Oi! Oi!«, skandieren Flo und ich den Skinhead-Schlachtruf.

»Ui! Ui! Uiuiui«, fällt Dirk mit ein.

»Oi, nicht ui«, verbessert ihn Flo.

Oi!

»Ich hab nur den Pumuckl nachgemacht«, sagt Dirk und lässt seine Kinder-Hosenträger schnäppern. Sie reißen aber und knallen ihm ins Gesicht.

Flo und ich schütteln genervt den Kopf.

Wir binden uns rote Schnürsenkel in unsere Stiefel. Man muss als Skinhead aufpassen, nicht verwechselt zu werden, denn wir sind linke Red Skins und haben mit den Nazis nichts zu tun, die tragen nämlich weiße Schnürsenkel. Oder waren es schwarze? Oder schwarz-rot-goldene? Es ist sehr kompliziert.

Für mich sind allerdings keine roten mehr übrig, deswegen klauen wir die rosanen aus den Turnschuhen von Flos kleiner Schwester.

Dirk hat gar keine richtigen Stiefel an, sondern Halbschuhe mit Klettverschluss, weil er seine Schuhe immer noch nicht richtig binden kann. Also malen wir sie rot an.

Am Abend gehen wir nach draußen auf die Straße. Dort werden wir aber sofort von einer Gruppe Nazi-Skins verprügelt, weil sie unsere roten Schnürsenkel sehen. Dann werden wir auch noch von Red Skins verprügelt, weil sie meine rosa Schnürsenkel nicht zuordnen können. Und schließlich von einer Bande Pumuckl-Ultras, die Dirks Hosenträger klauen wollen.

Da beschloss ich mich von den Skinheads abzuwenden und wurde Deutschrapper.

24. Wie ich einmal Deutschrapper war

Ich sitze mit meinem Rapper-Freundeskreis Fresh Flo und Dirk Deluxe auf dem Schulhof.

»Wir sollten einen Hip-Hop-Battle machen«, schlägt Fresh Flo vor. »Ich style mal free«, ruft er und stellt sich vor uns auf:

»Wir sitzen auf dem Schulhof und rappen
Yo, die anderen sind voll die Deppen
Zum Glück sind wir ein echter Freundeskreis
Außer Dirk Deluxe, der labert nur Scheiß
Und ist doof.«

»Das reimt sich gar nicht richtig«, beschwert sich Dirk Deluxe. »Du bist voll der absolute Beginner.«

»Du findest Jan Delay doch nur so gut, weil du denkst, er ist die Synchronstimme von Willi bei Biene Maja«, ruft Fresh Flo.

»Ist er ja auch«, sagt Dirk beleidigt und holt ein fettes Brot aus seinem Schulranzen.

»Bist du der Picknicker, oder was?«, frage ich.

»Kein Scheiß, Mann«, sagt Dirk und beißt ab.

»Schau mal, da kommt Tina«, rufe ich. »Ich dachte, freitags is sie nie da.«

Tina setzt sich zu uns.

»Hey, ich kann voll krass freestylen«, sagt Flo zu ihr, »willste mal hören?«

Flo steht wieder auf, macht ein paar seltsame Bewegungen mit seinem Arm, als wolle er eine Wespe verscheuchen, und beginnt zu rappen:

»Immer wenn es regnet,

Muss ich an dich denken,

T-I-N-A – von vorne anders als von hinten. Yo.«

Tina schaut ihn genervt an.

»Hey, Mr. Wichtig,

du tickst ja wohl nicht richtig

erst machst du hier die Show

ja und dann schrumpft dein Niveau«, rappt sie und geht wieder weg.

»Leider geil, wie Tina da reagiert hat«, sage ich.

»Sie ist weg«, flüstert Flo traurig, »und ich bin wieder allein, allein.«

Auf einmal kommt die böse Fünftklässler-Gang auf uns zu. Sie klopfen sich aggressiv mit den Fäusten auf die Brust, greifen sich in den Schritt und rotzen auf den Boden.

»Hey, die Leude wollen, dass was passiert«, sagt Flo und deutet auf die Gang.

»Was macht ihr in unserem Block?«, ruft der eine Fünftklässler, der eine goldene Maske trägt.

»Seid ihr schwule Mädchen, oder was?«, fragt ein anderer. »Sollen wir sie verkloppen?«

»Oder lassen wir es lieber sein?«, ruft wieder der Erste.

»Jein!«, grölen wir drei und lachen.

Aber die Fünftklässler verstehen keinen Spaß und verkloppen uns.

Da beschloss ich mich vom Deutschrap abzuwenden und wurde BWLer.

25. Wie ich einmal BWLer war

»Liebe Kollegen«, sage ich, als ich mit Flo und Dirk zur Universität laufe, »wir sollten zum Büro des Career-Service gehen und uns für ein cooles Studienfach einschreiben. Ich würde vorschlagen: Betriebswirtschaften.«

Florian nickt zustimmend und schaut demonstrativ auf seine goldene Rolex, die er Dirks Vater geklaut hat. Sie ist fünf vor zwölf stehen geblieben.

»Ich würde lieber Philosophie oder vielleicht Soziologie studieren«, meint Dirk.

»Dann kannst du ja gleich deinen Taxischein machen«, sagt Flo abfällig und stellt den Kragen seines Jacketts hoch.

Ich habe eine Barbour-Jacke und ein blau kariertes Hemd von meinem Vater an, das in meiner beigen Bundfaltenhose steckt. Dirk trägt ein gestreiftes Hemd, weil er Karos mit Streifen verwechselt hat.

Unsere Haare haben wir mithilfe von drei Tuben

Gel nach hinten geschleimt. Jetzt sind sie so klebrig, dass alles daran hängen bleibt. Auf meinem Kopf kleben mehrere Geldscheine, ein Mitgliedsausweis der FDP und zwei Commerzbank-Kugelschreiber.

»Ich gründe ein neues Start-up«, sage ich, als wir vor dem Büro warten. »Ein Verleih für Haustiere namens ZooLando.«

»Ach, das wird bestimmt wieder voll der Fail«, ruft Flo.

»Was ist ein Fail?«, fragt Dirk.

»Wenn was nicht funktioniert und kein Geld bringt«, erklärt Flo.

»Du bist auch voll der Fail, Dirk«, rufe ich. »Du willst Philosophie studieren und unserer Gesellschaft auf der Tasche liegen. Wahrscheinlich willst du auch noch Invalidenrente, weil du dir deine beiden Arme gebrochen hast.«

Dirk beginnt zu weinen. Wir lachen ihn aus und kleben ihm einen Kuli in die Haare.

Plötzlich geht die Tür des Career-Service auf, und ein älterer Mann betrachtet uns misstrauisch. »Was wollt ihr?«, fragt er.

»Wir wollen Betriebswirtschaften studieren«, rufen Flo und ich gleichzeitig. »Außerdem eine Banklehre machen, Praktika bei führenden Dax-Unternehmen absolvieren und wegweisende Dot-Com-Firmen gründen.«

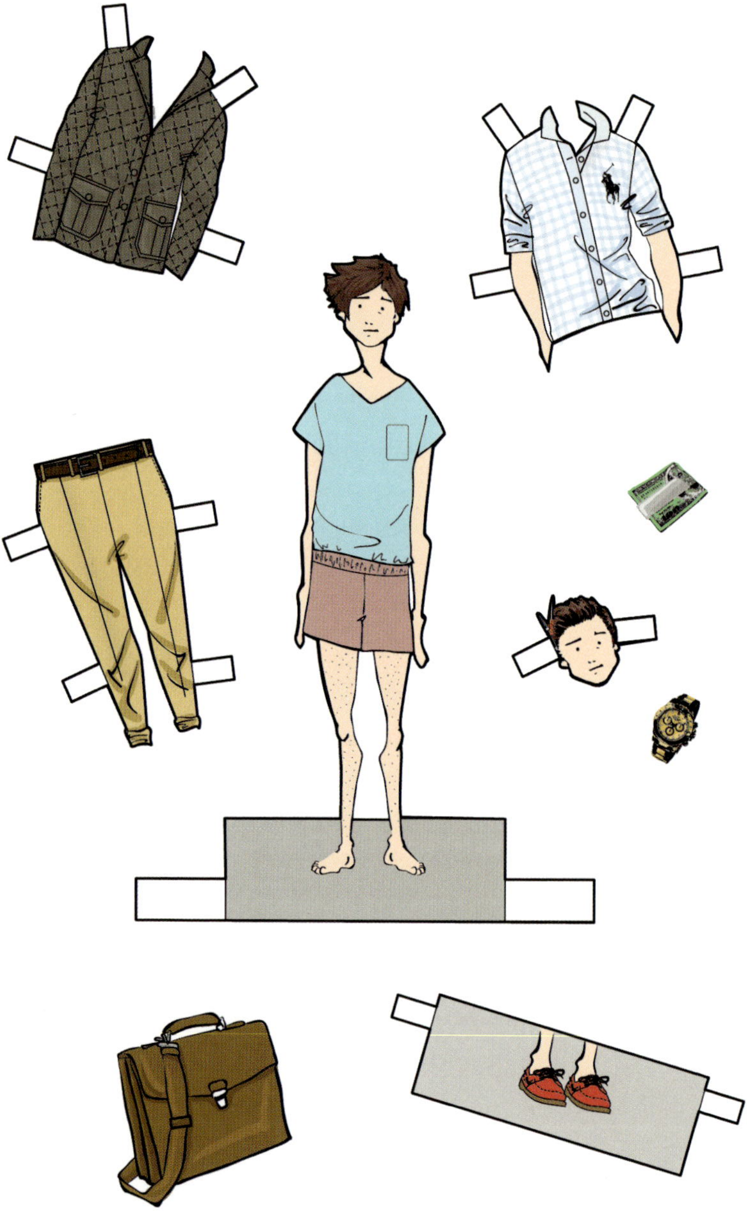

»Tut mir leid«, sagt der Mann vom Career-Service. »Wir brauchen gerade nur Geisteswissenschaftler, die die komplexen Probleme einer modernen postkapitalistischen Gesellschaft erörtern können. BWL studiert doch eh jeder.«

»Fail!«, ruft uns Dirk zu – und verschwindet grinsend im Career-Service-Büro.

Da beschloss ich mich von den Betriebswirtschaften abzuwenden und wurde Kiffer.

26. Wie ich einmal Kiffer war

»Das Zeugs ist so krass«, sagt Flo und hält mir ein kleines Plastikbeutelchen unter die Nase. Das halbe Gramm Gras hat er vorhin bei einem Fünftklässler auf dem Schulhof für fünfzig Euro gekauft. Wir sind jung und haben das Geld. Dirks Taschengeld reicht für uns alle. Das Gras riecht allerdings seltsam nach Oregano. Immerhin wollten die Fünftklässler unsere Ausweise nicht sehen.

Wir sitzen vor dem Fahrradkeller unserer Schule und schauen uns paranoid um, ob uns jemand beim Drogennehmen zusieht. Das fänden wir sehr cool. Nur Dirk ist wieder total nervös, weil er immer noch denkt, Gras und Heroin sind das Gleiche.

Tina holt Longpaps hervor, um einen Joint zu bauen. Seit uns allen von Flos Tesafilm-Tüte so schlecht geworden ist, hat sie das Drehen übernommen.

»Habt ihr 'ne Ula?«, fragt sie.

»Wer ist Ulla?«, fragt Dirk.

»Oh Mann, 'ne Ula ist 'ne Unterlage«, sage ich und gebe Tina meinen Schülerausweis. Darauf vermischt sie das Gras mit dem Tabak, den wir vorhin meinem Vater geklaut haben. Leider ist es Pfeifentabak mit Vanille-Aroma.

Dirk versucht das Gras erst in eine Spritze umzufüllen und sich in die Vene zu spritzen, dann schnupft er etwas und bekommt einen schlimmen Niesanfall.

Nach siebzehn Anläufen hat es Tina dann endlich geschafft, einen Joint zu drehen. Sie hat einen Trichter gefaltet und alles Gras reingekippt. Den Filter befestigt sie mit einer Büroklammer.

»Ist gesünder als Tesafilm«, meint sie.

Wir lassen den Joint kreisen. Als ich dran bin, fällt alles vorne raus.

Flo, Dirk und Tina bekommen einen Lachkrampf. Ich auch, obwohl ich noch gar nicht geraucht habe. Dann stopfe ich das Gras und den Tabak wieder rein und nehme meinen ersten Zug.

»Das haut voll krass rein«, sage ich. Dabei ist mir nur schlecht, weil ich Vanille mit Oregano total eklig finde.

Der Fünftklässler, der uns das Gras verkauft hat, kommt mit ein paar bösen Freunden aus dem Fahrradkeller.

»Den Idioten hab ich das Kräuter-der-Provence-Gewürz meiner Mutter verkauft«, sagt er und zeigt grinsend auf uns.

Wir verstummen sofort, nur Dirk lacht weiter.

»Hör auf, Dirk, das ist gar kein Gras!«, sagt Flo.

»Aber ich bin total drauf!«, ruft Dirk. »Voll das krasse Heroin.«

In diesem Moment laufen zwei Streifenpolizisten an uns vorbei.

»Was sind denn das für Spritzen?«, fragen sie Dirk und nehmen ihn fest.

Da beschloss ich mich vom Kiffen abzuwenden und wurde Mitglied bei der Jungen Union.

27. Wie ich einmal bei der Jungen Union war

»Herzlich willkommen zur ersten Sitzung«, beginnt unsere Vorsitzende Tina ihre Rede. Wir haben nämlich gerade den ersten Ortsverband der Jungen Union in Kreuzberg gegründet. Tina trägt einen lila Blazer und hat ihre Hände zu einer Raute gefaltet.

Flo, Dirk und ich klatschen. Wir sind alle im Anzug gekommen, Flo hat sich sogar seine Haare in der Mitte abrasiert, damit er wie alle CDU-Politiker schon in der Pubertät eine Glatze hat. Im Parteijargon wird diese Frisur auch gerne »der umgedrehte Iro« genannt.

Dirk hat dagegen die CDU mit der CSU verwechselt, trägt einen blau-weißen Janker, eine Lederhose und einen Laptop unter dem Arm. Außerdem thront auf seinem Kopf ein Hut mit Gamsbart. Nach seinem großen Vorbild nennt er sich nur noch Edmund Zerstoiber.

»Ich freue mich sehr, dass es nun die Junge Junge

Union Kreuzberg gibt«, fährt Tina fort und formt mit ihren Händen ein Kreuz.

Wir mussten uns *Junge Junge Union* nennen, weil man bei der Jugendorganisation der CDU eigentlich erst mitmachen darf, wenn man über vierzig ist.

»Ich habe einen Antrag zur Geschäftsordnung«, mischt sich Flo ein und streicht sich über seine spiegelglatte Glatze. »Ich möchte Dirk ausschließen, weil er vorbestraft ist. Er wurde mit Drogen erwischt.«

Ein Raunen geht durch die Menge. Also durch Tina und mich.

»Das stimmt so ... äh ... gar nicht«, stammelt Dirk Zerstoiber. »Ich war nur gerade ... äh ... auf dem Weg vom Hauptbahnhof ... ähh, mit zehn Minuten, ohne dass Sie am Flughafen noch einchecken müssen, dann starten Sie im Grunde genommen am Flughafen, äh ... und dann kamen zwei Polizisten ...«

»Sehen Sie, Vorsitzende, er ist total bekifft!«, ruft Flo.

»In Ordnung, dann stimmen wir ab«, sagt Tina. »Wer ist dafür, Dirk auszuschließen?«

Wir heben alle die Hand, sogar Dirk.

»Warum meldest du dich auch?«, frage ich verwundert.

»Äh ... oh, ich habe mich nur am Kopf ... äh, gekratzt«, sagt Dirk.

»Damit ist Dirk, also Edmund Zerstoiber, von der Jungen Jungen Union ausgeschlossen«, verkündet Tina und formt mit ihren Händen eine Tür.

»Das ist doch … äh … keine … äh, Demokratie!«, ruft Dirk empört.

»Offensichtlich nicht«, sagt Flo, »so lange, wie wir schon an der Macht sind.«

»So, liebe Mitglieder und Mitgliederinnen der Jungen Jungen Union«, unterbricht ihn Tina. »Ich habe hier eine schöne schwarze Kasse.«

Sie hält ein schwarz angemaltes Sparschwein hoch. »Ich bitte hier nun alle, ihre Spenden reinzuwerfen.«

Ich habe leider nur fünfzig Pfennig. Flo steckt einen Zwanzigmarkschein in das Schwein. Tina lächelt ihn an und formt ein Herz mit ihren Händen.

Da beschloss ich mich von der Jungen Union abzuwenden und wurde Girlie.

28. Wie ich einmal Girlie war

Ich sitze mit meinen Girlfriends Tina, Florian und Dirk auf dem Schulhof. Wir tragen bunte Trainingshosen und bauchfreie Tops mit Spaghettiträgern. Dirks Top ist zwar ganz normal groß, aber weil er so dick ist, ist es trotzdem bauchfrei.

Tina hat sich die Haare orange gefärbt und eine Mütze mit Hasenohren angezogen. Ich habe mir zwei Zöpfe geflochten und die Lippen rot angemalt. Dazu hören wir mit unseren Walkmans, auf die wir ganz viele Sticker mit Herzchen und Einhörnern geklebt haben, die Spice Girls.

»Ich bin mir nicht ganz sicher, ob Girlie das Richtige für mich ist«, sagt Flo skeptisch.

»Wieso?«, fragt Dirk.

»Weil ich *kein* Mädchen bin«, singt Flo.

»Ach, komm«, sagt Tina, »du bist doch nur in deinen heteronormativen Männlichkeitszuschreibungen gefangen. Es wird Zeit, dass du dich end-

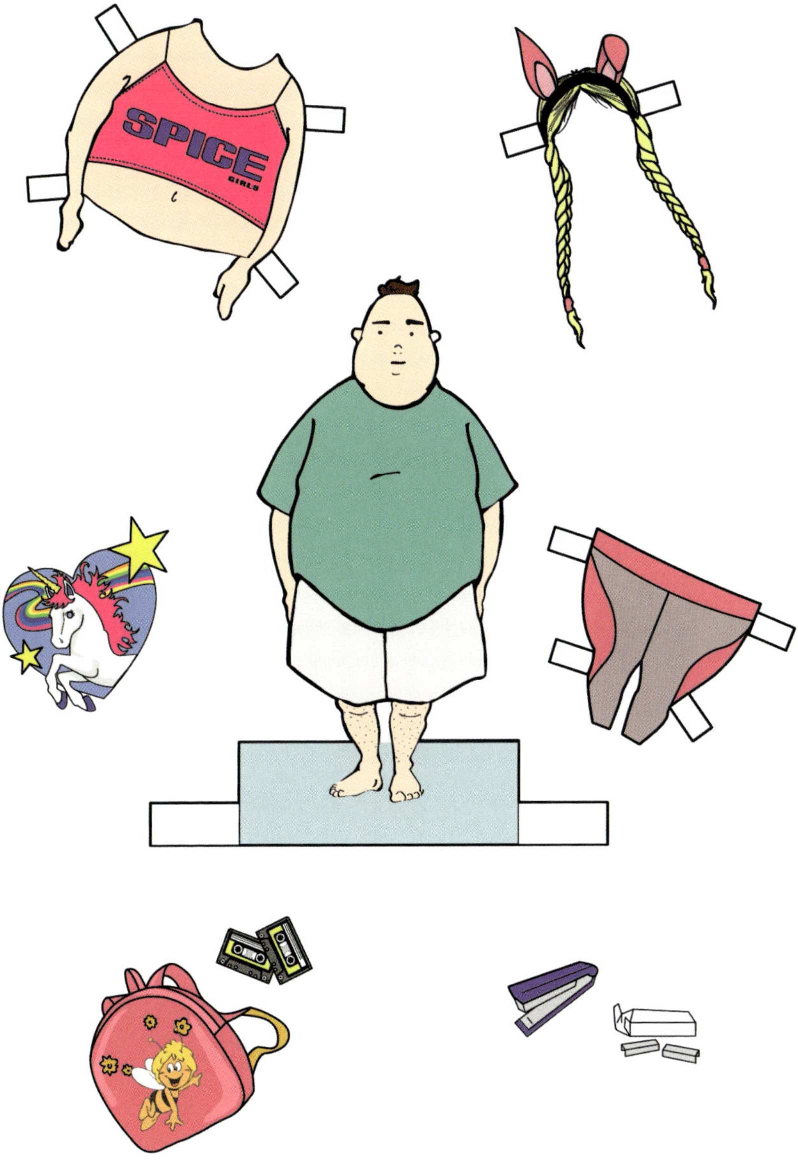
SPICE
GIRLS

lich daraus befreist und diese vorgefertigten Gender-Stereotype kritisch reflektierst.«

Wir schauen Tina verständnislos an.

Sie holt eine von Dirks Biene-Maja-Kassetten hervor. »Wer ist denn da der coole und starke Charakter, mhh?«

»Willi«, sagt Dirk.

»Nein, ganz im Gegenteil«, sagt Tina. »Willi bleibt zweimal in der Bienenschule sitzen. In der ersten Klasse. Er ist voll der Schisser und schläft immer ein.«

»So wie ich«, ruft Dirk und schläft ein.

»Auf jeden Fall brauchen wir jeder ein Bauchnabelpiercing«, sagt Tina. »Die coolen Fünftklässlerinnen haben das auch alle.«

»Das erlauben meine Eltern nie«, murmelt Flo.

»Wir können es einfach selber machen«, schlägt Tina vor und holt einen riesigen Tacker aus ihrem Plüsch-Rucksack.

Wir probieren es an Dirk aus. Zum Glück hat er einen sehr festen Schlaf. Er wacht erst auf, als wir auch noch versuchen, seine Nase zu piercen und dabei etwas abrutschen. Aber so ein Doppelkinnpiercing ist ja auch schön.

Auf einmal kommen die bösen Fünftklässlerinnen zu uns auf den Schulhof.

»Ihr seid ja gar keine richtigen Girlies«, rufen sie.

»Zwei von euch sind ja nicht mal Mädchen.« Sie zeigen auf Flo und mich.

»Ich bin auch kein Mädchen«, beschwert sich Dirk und hält sich sein blutendes Kinn.

Aber die Fünftklässlerinnen hören nicht auf ihn und verprügeln nur Flo und mich.

Da beschloss ich mich von den Girlies abzuwenden und wurde echter Berliner.

29. Wie ick einmal echter Berliner war, Alter

»Ick sach dir, du musst die Currywurst mit Darm essen, sonst is dit keene richtige Berliner Currywurst«, sagt Florian, der sich jetzt nur noch Ronny nennt, weil echte Berliner nicht Florian heißen, außer sie wohnen im Prenzlauer Berg und kommen aus Süddeutschland.

»Dit is ne jute Wurst mit Darm«, sag ick. Ich heiße jetzt nämlich nur noch ick.

Wir stehen an einer Currywurstbude und essen die vierte Currywurst heute. Dazu trinken wir Berliner Weiße. Leider will uns der Currywurst-Verkäufer kein Bier ausschenken, weil wir noch nicht sechzehn sind, also trinken wir Fanta mit Himbeersirup.

Dirk kommt vorbei.

»Juten Tach, Dirkchen«, ruf ick. »Wat jeht ab? Och 'ne kleene Wurst zum Schnabulieren?«

»Von was redest du, ich verstehe kein Wort.«

»Kommst du aus München oder wat?«, ruft Ronny und verpasst ihm einen Schlag auf den Hinterkopp.

Dirk beginnt zu weinen und rennt wieder weg, aber da können wir nichts tun, denn als Berliner ist man grundsätzlich unfreundlich.

»Kannste mir noch zwee Märker für 'ne Currywurst leihen, Alter?«, fragt mich Ronny.

»Dit is vollkommen unmöchlich, junger Mann«, sag ick. Als Berliner muss man immer erst mal Nein sagen.

»Jetzt lass mal die zwee Märker rüberwachsen, du Geizhammel«, ruft Ronny und regt sich unangemessen auf. Als Berliner muss man sich immer unangemessen aufregen.

»Is ja jut, Keule. Hier haste.« Ick verzieh mein Gesicht. Als Berliner gibt man irgendwann nach, allerdings nur unter schlimmsten Qualen.

Zwei Touristen kommen an den Currywurststand und bestellen »zwei Currywurscht im Weckle, bidde.«

»Dit heeßt Schrippe, du Schwaben-Bummskoop«, schreit Ronny die Touris an und regt sich unangemessen auf.

»Du bisch doch der Flori«, sagt die schwäbische Frau und tätschelt ihm auf dem Kopf rum. »Du warsch doch mit unserm Sohn zsamme im Kindergartn.«

Flo erstarrt. Er ist erst vor drei Jahren nach Berlin gezogen. Aber als echter Berliner kommt er natürlich aus Süddeutschland.

»Och noch 'ne Wurst?«, fragt der Verkäufer.

»Dit is doch klar!«, ruft Flo, und wir essen noch eine Currywurst. Mir wird schlecht, und ich breche den Schwaben Currywurst mit Himbeersirup auf die Hosen.

»Des isch des echte Bärlin«, sagen die Schwaben begeistert. »Überall kabutte Alkoholiker!«

Da beschloss ich mich vom echten Berlin abzuwenden und wurde Jogger.

30. Wie ich einmal Jogger war

Total motiviert springt Flo von einem Fuß auf den anderen und klatscht in die Hände. »So, Freunde, jetzt gehen wir mal schön laufen!«

Flo sieht ein wenig aus, als würde er gleich in ein Raumschiff steigen: Er steckt in einem schwarzen Ganzkörper-Trainingsanzug, der eng an seinem Körper anliegt und in der Sonne glänzt. Dazu trägt er einen riesigen Pulsmesser am Arm, und an seinem Gürtel hängt sein silberner Walkman.

Ich habe mir immerhin eine patronengurtartige Bauchtasche umgeschnallt, in der Wasserflaschen und Müsliriegel stecken. Dirk hat sie allerdings auf dem Weg schon alle aufgegessen. Er trägt zu seinem unvorteilhaften Muscle-Shirt (denn er hat keine Muscles) auch noch eine Radlerhose seiner kleinen Schwester.

Nur Tina hat keine Lust auf Joggen. Sie sitzt auf einer Parkbank und raucht.

»Ich trainiere meine Lunge«, sagt sie.

Das finden wir natürlich wahnsinnig cool, aber vielleicht können wir sie trotzdem mit unseren Laufkünsten beeindrucken.

»So, auf die Plätze, fertig, los!«, ruft Flo und klatscht noch mal in die Hände.

Wir laufen los. Aus Florians Kopfhörern dröhnt *Eye of the Tiger*.

Nach zweihundert Metern brechen wir nach Luft schnappend zusammen. Florians Pulsmesser zeigt 280.

Tina kommt angeschlendert. »Soll ich Mund-zu-Mund-Beatmung machen?«, fragt sie mich. Ich werde rot, weil ich mir nichts sehnlicher wünsche. Sie bläst mir aber nur Rauch ins Gesicht. Ich muss schlimm husten, trotzdem bin ich glücklich.

Erst jetzt bemerken wir auch die ganzen anderen Jogger, die hier im Park ihre Runden drehen. Gerade passiert uns leichtfüßig ein etwa neunzigjähriger Mann. Der Nächste ist ein junger Typ, komplett im hautengen Nylondress. Er fragt uns, ob er Erste Hilfe leisten soll.

Sogar ein Kind joggt an der Hand seiner Mutter vorbei. Es bleibt stehen und betrachtet uns nasebohrend.

»Mama, sind die tot?«, fragt es.

»Wahrscheinlich waren sie zu schwach für den

gesellschaftlichen Leistungsdruck«, antwortet die Mutter und zieht das Kind weiter.

Als Nächstes nähert sich ein junger Typ, der zwei riesige Hanteln in den Händen trägt und Gewichte an seinen Oberschenkeln befestigt hat.

»Streber«, stöhne ich. Flo versucht ihm ein Bein zu stellen, er springt aber geschickt darüber und bedankt sich für die zusätzliche Challenge.

Da beschloss ich mich vom Joggen abzuwenden und wurde Punker.

31. Wie ich einmal Punker war

»Hey, haste mal 'ne Mark?«, haut Zecke einen Passanten an. Wir lungern vor dem Penny rum und hören die Sex Pistols aus einem alten Ghettoblaster. Dazwischen schreien wir Lilly an, den Pudel von Dirks Mutter, dem wir einen Iro rasiert haben. Meinen Kopf ziert auch ein roter Iro. Leider war die Haarfarbe schon abgelaufen, und meine Haare schimmern jetzt eher blassrosa.

Wir schnorren Kleingeld, um uns noch mehr Dosenbier zu kaufen. Wir könnten das Bier auch von unserem Taschengeld bezahlen, finden aber, das wäre dann nicht *punk* genug. Wir müssen uns unser antifaschistisches Bier schon selbst hart erarbeiten.

Außer Zecke traut sich aber keiner, Passanten anzuhauen, deswegen haben wir bis jetzt nur Fanta getrunken und müssen besoffen spielen.

Zum Glück ist es einfach, sich Punker-Klamotten zu besorgen. Ich trage die Lederjacke meiner Mutter, allerdings ist sie aus beigem Wildleder und von Dolce & Gabbana. Mit Filzstift habe ich ganz groß »PUNK« draufgeschrieben und ein paar Sicherheitsnadeln an den Kragen geheftet. Meine Schrift ist aber anscheinend etwas undeutlich.

»Steht da BANK auf deiner Jacke?«, fragt Zecke verwirrt.

In unsere normalen Jeans haben wir zudem ganz viele Löcher geschnitten und St.-Pauli-Aufnäher auf unsere weißen Benetton-Pullis gepappt. Nur Dirks Mutter hat ihm das verboten, dafür hängt jetzt ein Sesamstraßen-Aufnäher auf seiner Brust. Statt Springerstiefeln tragen wir momentan auch noch unsere Halbschuhe.

»Oh Mann!«, beschwert sich Zecke, der eigentlich Florian heißt. »Ihr müsst auch mal schnorren. Kröte, hilf du mir doch wenigstens!«

»Ich heiße nicht Kröte«, sagt Tina, »ich bin Spinne.«

»Stimmt«, sage ich, »ich bin doch Kröte.«

»Wie heiße ich eigentlich?«, fragt Dirk und spielt an seinem Tiffy-Aufnäher rum. »Ich will auch einen Punknamen.«

»Dein Punkname ist Dirk!«, sagt Zecke. »Der ist schon beschissen genug.«

»Wieso, weshalb, warum ist Dirk so furchtbar dumm?«, singen Zecke, Spinne und ich.

FC ST. PAULI
1910

Dirk beginnt zu weinen, aber da kommt meine Mutter, und wir müssen uns hinter den Einkaufswägen verstecken, damit sie uns nicht sieht. Leider fängt in diesem Moment Lilly an wie wild zu kläffen, und meine Mutter entdeckt uns.

»Was hast du mit meiner teuren Lederjacke gemacht?«, ruft sie entsetzt. »Willst du etwa Bänker werden wie dein Vater?«

»Fuck the System!«, antworte ich. »Anarchy in the BRD!«

Aber meiner Mutter ist Anarchie egal, und sie zerrt mich an meinem rosa Iro nach Hause.

Da beschloss ich mich vom Punk abzuwenden und wurde Hacker.

32. Wie ich einmal Hacker war

Wir sind jetzt total die Computercracks und voll die guten Hacker. Also Dirk nicht so, der hat nämlich Hacken mit Hecken verwechselt – und baut im Garten seiner Eltern Buchsbaumhecken an.

Der Computerraum unserer Schule ist unsere Zentrale. Die Lehrer lassen uns da in Ruhe, weil sie lieber noch ihre alten Schreibmaschinen benutzen. Und vor den brutalen Fünftklässlern sind wir auch sicher, da die denken, Computer sind was für peinliche Nerds und uncoole Mathecracks. Dabei sind wir nicht mal gut in Mathe. Außer Tina, die schreibt immer nur Einsen. Und Flo, der ist auch gut in Mathe. Und sogar Dirk. Eigentlich bin nur ich schlecht in Mathe.

Flo sitzt vor einem der riesigen grauen Computer, Tina und ich stehen hinter ihm und warten gespannt, was jetzt gleich passiert. Vorsichtig ruft er AOL auf und drückt auf »Verbinden«. Erst ertönt ein seltsames Rauschen, dann ein verzerrtes Wählgeräusch.

»Ist es jetzt kaputt?«, frage ich. Die anderen zucken mit den Schultern.

Ein paar Minuten geschieht nichts, dann erscheint die Seite von Yahoo im Internet Explorer.

»Ich bin drin«, sagt Flo.

»Du hast es wirklich geschafft«, stammle ich. »Du bist ein Genie.«

Florian tippt »Sex« und »große Brüste« in das Suchfeld ein.

»Hey, was soll das?«, ruft Tina und schließt das Fenster sofort. »Wir wollten doch die neue Schulhomepage hacken und das Foto unseres Direktors mit einem Gremlin vertauschen.«

»Internet ist wirklich krass«, rufe ich begeistert, als Flo die Schulhomepage aufruft, die sich sehr, sehr langsam aufbaut. »Alle Menschen auf der Welt können sich vernetzen und miteinander kommunizieren. Vielleicht sollte man so eine Art Netzwerk aufbauen, bei dem man seine eigene Seite hat, jeden Tag Statusmeldungen schreibt, Fotos hochlädt und sich mit anderen verbindet.«

»Das braucht doch niemand!«, sagt Flo. »Lasst uns lieber die Zigaretten rauchen, die Tina von ihrem Bruder geklaut hat.« Er klickt auf »Verbindung trennen«.

Tina schaut ihn bewundernd an, und die beiden verschwinden auf den Schulhof.

Ich setze mich vor den Computer und beschließe, ihnen nicht hinterherzurennen. Lieber bringe ich mir bei, wie man eine Website erstellt, damit ich mein eigenes soziales Netzwerk programmieren kann.

Auf einmal stürmt Dirk in den Computerraum.

»Ich bin auch voll der gute Hecker!«, ruft er, schneidet mit seiner Heckenschere alle Kabel durch, und der Bildschirm wird schwarz.

Da beschloss ich mich vom Hacken abzuwenden und wurde Basketballer.

33. Wie ich einmal Basketballer war

Florian dribbelt mich aus, lässt dann Dirk links liegen (er liegt wirklich auf dem Boden, Sport ist ihm einfach zu anstrengend) und passt schließlich Tina den Ball, die ihren zehnten Korb wirft. Sie ist auch im Vorteil, schließlich ist sie einen Kopf größer als wir anderen.

»Yes!«, ruft Flo. Die beiden klatschen ab. »Schon wieder gewonnen.«

Wir tragen armfreie Basketball-Trikots und Kappen der Chicago Bulls. Außer Flo, der wieder seine Kirchentagsmütze angezogen hat. Und mir: Ich trage eine Kappe der New York Yankees, weil ich Basketball mit Baseball verwechselt habe.

»Warum muss ich immer mit Dirk spielen?«, beschwere ich mich. »Der ist das genaue Gegenteil von seinem Namensvetter Dirk Nowitzki: klein und dick.«

»Hey, ich kann auch Körbe werfen«, ruft Dirk.

Er nimmt einen Einkaufskorb und wirft ihn auf den Boden. Wir haben nämlich zwei Einkaufskörbe unserer Mütter an Bäume auf dem Schulhof gehängt, weil die großen Basketballer – sie sind wirklich sehr groß, sie spucken uns immer auf die Köpfe – uns nicht auf den Basketballplatz hinter der Sporthalle lassen. Einen echten Basketball besitzen wir auch nicht, stattdessen spielen wir mit dem roten Plastikball mit Marienkäfermuster von Dirks kleiner Schwester.

»Okay, dann machen wir jetzt Drei-Meter-Würfe«, schlichtet Tina und hängt den Korb wieder auf.

Flo ist als Erster dran und versenkt den Ball im Korb. Tina schafft es auch. Nur ich treffe statt des Korbs ... Dirks Kopf.

»Das war Absicht!«, ruft Dirk den Tränen nahe, aber da kommen unsere Mütter auf den Platz und nehmen uns die Körbe weg, weil sie einkaufen gehen wollen.

Da beschloss ich mich vom Basketball abzuwenden und wurde Autonomer.

34. Wie ich einmal Autonomer war

Es ist der 2. Mai.

Wir sitzen in der Villa von Dirks Eltern.

In Zehlendorf.

Und spielen Monopoly.

Gestern, am 1. Mai, wollten wir eigentlich nach Kreuzberg fahren, um auch gegen den Kapitalismus zu demonstrieren und Steine auf Bullen zu werfen, aber wir mussten stattdessen mit unseren Eltern eine Maiwanderung in der Uckermark machen. Wir haben trotzdem versucht, ein paar Autos anzuzünden, aber in der Uckermark fahren alle Leute noch mit Pferdekutschen – und Pferde brennen nicht so gut. Nur der Schweif.

Wir tragen schwarze Kapuzenpullis und Sonnenbrillen, außer Dirk, der hat ein braun gebatiktes T-Shirt an, weil alles Schwarze gerade in der Wäsche ist.

»Wir sollten ein paar Aktionen gegen den Kapitalismus starten«, schlage ich vor, als ich schon wieder auf Flos Schlossallee komme.

Wir spielen mit echtem Geld, das wir aus dem Geldbeutel von Dirks Vater geklaut haben. Hoffentlich merkt er es nicht und schmeißt das nette Kindermädchen raus wie beim letzten Mal.

»Wir könnten in eine Villa einbrechen, alle Möbel umstellen und ein Plakat aufhängen, auf dem steht: Die fetten Jahre sind vorbei«, sagt Tina.

»Och nö«, sagt Dirk, »danach wollen meine Eltern wieder, dass ich alles aufräume, wenn ihr weg seid.«

»Aber das wäre ein guter Titel für ein Buch oder einen Film«, meint Tina. »Die fetten Jahre sind vorbei.«

»Viel zu plakativ«, sagt Flo.

»Lasst uns jetzt nach Kreuzberg fahren und dort ein paar Barrikaden aufbauen.« Ich recke kämpferisch meine Faust in die Luft.

»Aber erst mal spielen wir Monopoly zu Ende!«, ruft Flo und treibt das Geld für seinen Bahnhof ein, auf dem Tina gelandet ist. Scheiß Kapitalist.

Später lassen wir uns dann von Dirks Vater mit dem weißen Mercedes nach Kreuzberg zum Kottbusser Tor fahren. Dort klauen wir ein paar Einkaufswägen vom Supermarkt und bauen damit eine Barrikade. Also eigentlich stellen wir sie nur auf den Gehweg und rennen dann weg.

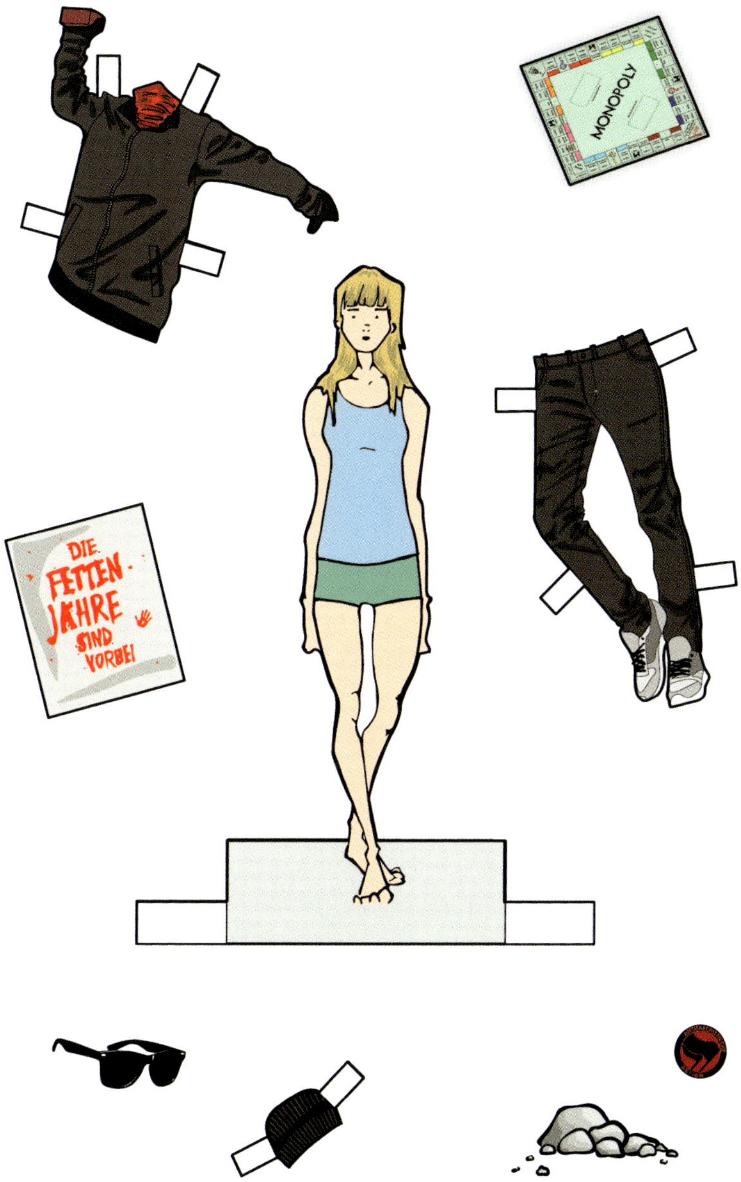
MONOPOLY
DIE FETTEN JAHRE SIND VORBEI

»Da kommen die Bullen-Schweine!«, ruft Tina plötzlich. »Die wollen uns bestimmt festnehmen.«

Die Polizisten sind aber total nett und fahren uns nach Hause.

Da beschloss ich mich von den Autonomen abzuwenden und wurde neoliberal.

35. Wie ich einmal neoliberal war

Ich bekomme kaum noch Luft, weil mir mein Kommunionsanzug inzwischen zu klein ist, aber auch Flo und Dirk sind im Anzug gekommen. Flo hat allerdings den Hochzeitsanzug seines Vaters an, der ihm fünf Nummern zu groß ist, und wirkt somit wie das komplette Gegenteil von mir.

»Liebe Geschäftspartner«, sagt er und streicht sich über seine gelbe Krawatte, auf die er kleine Dollarzeichen gemalt hat, »wir sind hier zusammengekommen, um unsere Freundschaft neu auszurichten. Wir müssen innovativer, flexibler und kostengünstiger werden, sonst werden wir von unseren Wettbewerbern überholt.«

Wir stehen auf dem Golfplatz, essen Kaviar und trinken Champagner. Den richtigen Golfplatz durften wir allerdings nicht betreten, deswegen spielen wir schon seit einer halben Stunde Minigolf. Dazu trinken wir Rotkäppchen-Kindersekt (ohne Alkohol) und essen Kapern, weil Dirk die mit Kaviar verwechselt hat.

»Werte Kollegen, was schlagen Sie vor, um unsere Freundschaften auf dem Weltmarkt wettbewerbsfähiger zu machen?«, setzt Flo seine Rede fort.

»Wir könnten Dirk an einen Hedgefonds verschenken und ihn dann von denen mieten und damit Kosten sparen«, sage ich. »Dirk ist schließlich ein sehr hoher Kostenfaktor, der viele Reserven auffrisst. Vor allem in Form von teuren Dönern.«

Dirk beginnt zu weinen, aber wir trösten ihn nicht, schließlich sind wir gegen den Sozialstaat.

»Der Markt regelt sich von selbst«, sage ich und loche den Golfball in ein Gartenzwerghaus ein.

»Und der Markt hat eben entschieden, dass du wegrationalisiert wirst«, fügt Flo hinzu, nimmt Dirk die Kapern weg und schiebt ihn vom Golfplatz.

»Du musst jetzt halt mal den Gürtel etwas enger schnallen«, rufe ich ihm noch hinterher.

»Meine Unternehmensberatung hat mir empfohlen, die Freundschaften nach China zu verlagern«, sage ich dann zu Flo. »Dort gibt es kostengünstigere und viel mehr Freunde. Ich würde sagen, du gehst jetzt auch.«

Flo verlässt ebenfalls traurig den Golfplatz.

Auf einmal kommen zwei Fünftklässler auf mich

zu. Sie tragen perfekt sitzende Anzüge und dicke Rolex-Uhren.

»Dieser Minigolfplatz wurde privatisiert und steht der Öffentlichkeit nicht mehr zur Verfügung«, informieren sie mich, nehmen mir den Sekt weg und schieben mich vom Platz.

»Zwar geht es dir jetzt schlecht, und du bist arm«, sagt einer der Fünftklässler und betrachtet abfällig meinen Kommunionsanzug. »Aber wenn es den Reichen besser geht, dann geht es dir bald auch besser. Jedenfalls sagt das die Theorie.« Er lacht böse und nimmt einen Schluck Kindersekt, den er sofort angewidert wieder ausspuckt.

»Aber es ist doch nicht besser, dass ich jetzt nicht mehr Minigolf spielen darf«, sage ich.

»Schau mal, da hinten steht ein noch ärmerer Ausländer. Der ist an allem schuld!«, ruft der Fünftklässler und schließt das goldene Tor des Golfplatzes vor meiner Nase.

Da beschloss ich mich vom Neoliberalismus abzuwenden und wurde Festivalgänger.

36. Wie ich einmal Festivalgänger war

»Prost«, ruft Florian. Wir sitzen vor unserem Zelt auf der Festivalwiese und trinken lauwarmes Bier aus Plastikflaschen. Außer Dirk, der hat sein Bier in eine Thermoskanne umgefüllt, damit es auch lauwarm bleibt.

Natürlich tragen wir Band-T-Shirts (von den Flippers, weil die gerade im Sonderangebot waren), kurze Hosen und gelbe Gummistiefel – nur Dirk musste die mit Kuhmuster von seiner Schwester anziehen. Eigentlich trinkt er auch kein richtiges Bier, sondern den Rooibos-Vanille-Tee, den seine Mutter ihm mitgegeben hat.

Flo holt seine kaputte Akustikgitarre aus dem Zelt und spielt immer wieder den Anfang von *Nothing Else Matters*. Dirk löffelt ein paar Dosenravioli. Leider sind es aber ebenfalls von seiner Mutter zubereitete Tomate-Ricotta-Fettuccine an grünem Pesto mit Rucola und gerösteten Pinienkernen.

»Sollen wir mal aufs Gelände gehen?«, frage ich. »Der Main Act spielt gleich.«

Wir machen uns auf den Weg zur Hauptbühne. Zehn Sekunden später sind wir da, weil das Festivalgelände nicht gerade groß ist. Genau genommen ist es auch gar kein richtiges Festival, sondern nur das Stadtteilfest Steglitz an der Schlossstraße, denn unsere Eltern meinten, »Rock am Ring« sei viel zu teuer und gefährlich.

Außer uns sind leider kaum andere Zuschauer gekommen, eigentlich nur die zwei Alkoholiker, die ohnehin immer auf der Schlossstraße sitzen, und ein Flaschensammler, der uns die ganze Zeit die halb vollen Bierflaschen aus der Hand reißt. Sogar Dirks Thermoskanne sammelt er ein.

Zum Glück kommt jetzt der Main Act auf die Bühne, wir grölen ein wenig und werfen unsere Bierflaschen in Richtung Bühne. Der Flaschensammler fängt sie in der Luft auf und stellt sie in seinen Einkaufswagen.

Der Main Act besteht aus einem alten Mann in einer roten Badehose, der gerade die ersten Akkorde von *I've been looking for freedom* anstimmt.

»Aber es sollten doch Metallica spielen«, beschwert sich Dirk.

»Die wollten eine zu hohe Gage«, informiert uns der Flaschensammler, der – wie wir jetzt sehen –

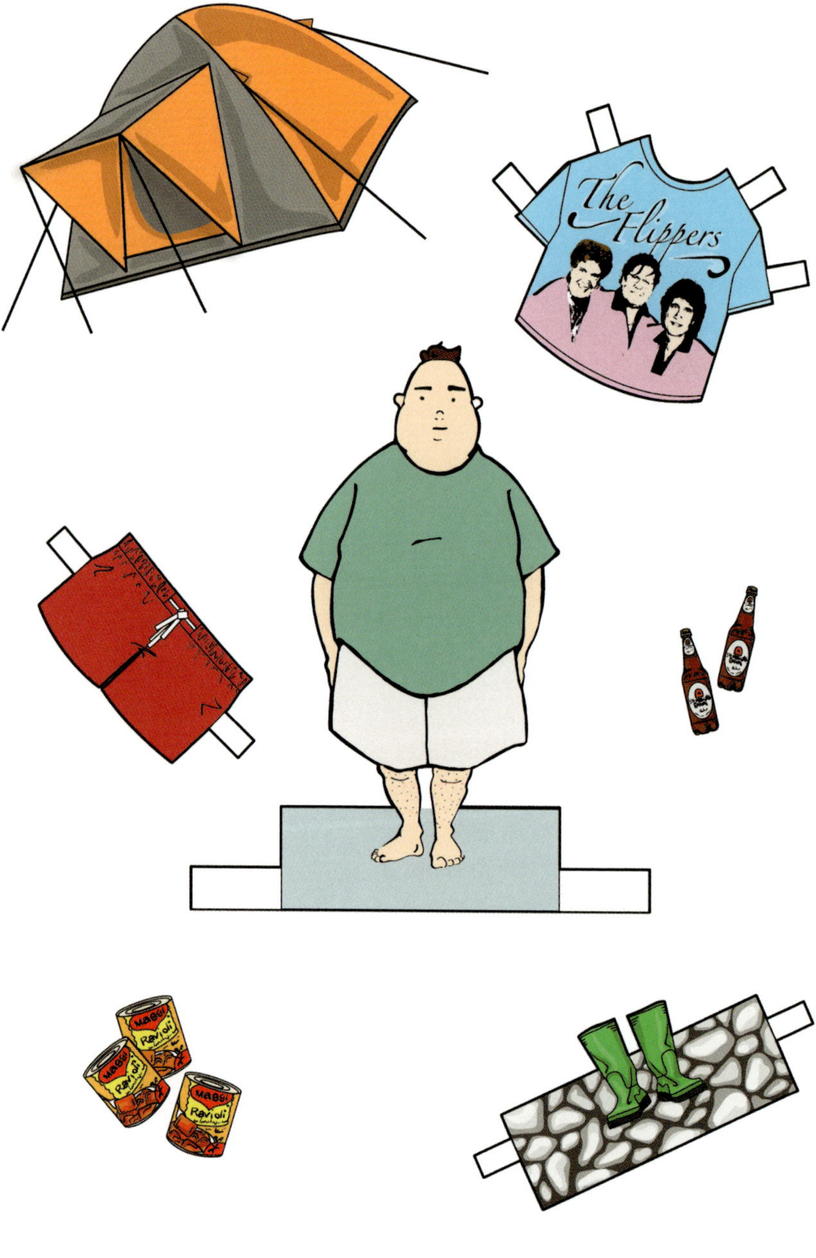
The Flippers
Maggi
Ravioli

der Berliner Bürgermeister ist, der das Stadtteilfest eröffnen musste.

»Kann ich eure Flaschen haben?«, fragt er. »Wir planen einen neuen Flughafen und brauchen dafür jedes Geld.«

Plötzlich kommen zwei Polizisten auf das Festivalgelände gestürmt und nehmen uns fest, weil das Zelten auf dem begrünten Mittelstreifen der Schlossstraße verboten ist.

Da beschloss ich mich von Festivals abzuwenden und wurde Eurodancer.

37. Wie ich einmal Eurodancer war

Ich treffe mich mit meiner Eurodance-Band *United 2Beat! Forever*, um für unseren Auftritt nächste Woche beim Schulfest zu proben.

Meine Bandkollegen sind alle schon da: Mr. Flo, unser Rapper, trägt eine weiße Lederweste über der weißen Brust. Weil er nicht so richtig muskulös ist, hat er sich mit Filzstift ein Sixpack auf den Bauch gemalt. Außerdem Magic Tina, unsere Tänzerin, die auch immer den Refrain der Lieder singt. Sie hat einen kurzen Gummirock in Neongelb und ein bauchfreies Top in Neonorange an. Ihre Haare hat sie neonpink gefärbt. Es tut ein wenig in den Augen weh, wenn man sie anschaut.

DJ Dirk Pirate – er trägt eine Augenklappe, weil sich sein Auge von der Pfeilspitze vom Mittelaltermarkt entzündet hat – baut gerade seine Turntables auf.

»Wie siehst du denn aus, Sebastian?«, fragt Mr. Flo.

Mein Bühnenoutfit besteht aus einer Lederhose und einem viel zu großen weißen Hemd. Leider habe ich aber nur eine bayrische Trachtenlederhose auftreiben können.

»Eigentlich passt das ganz gut«, meint Tina. »Dann bist du der lustige bayrische Rapper, Cotton Eye Sepp.«

»Lasst uns jetzt unseren neuen Song *It's my Love* proben«, schlägt Flo vor.

Dirk startet den Beat. Da er sich im Moment noch keine echten Turntables leisten kann, hat er wieder nur seinen Kinderkassettenrekorder dabei.

Flo beginnt dazu zu rappen: »Love is what I'm praying for, it's the rhythm of my heart core, bumm bumm, we're going to Ibiza.«

Ich sage unmotiviert: »Where did you come from? Where did you go? Where did you come from, Cotton Eye Sepp?« Dazu versuche ich zu schuhplattln, stolpere aber sofort und falle hin.

Dann singt Tina den Refrain: »It's my Love, it's my Love. That's all that she wants.«

»Und eine Biene namens Maja«, spielt Dirk ein.

»Das nervt mit deiner blöden Biene Maja die ganze Zeit!«, beschwert sich Flo.

Dirk stoppt beleidigt den Beat.

»Ich muss jetzt eh gehen«, sagt Tina. »Ich hab noch einen Termin bei meinem Zahnarzt, Herrn Dr.

Alban. Der kann auch voll gut singen, ich zeig ihm mal unser Lied.«

Zwei Monate später hat Dr. Alban mit unserem Song einen Nummer-1-Hit.

Da beschloss ich mich vom Eurodance abzuwenden und wurde Surfer.

38. Wie ich einmal Surfer war

Lässig stehen wir an einem malerischen Südsee-strand im weißen Sand und warten auf die perfekte Welle. Unter unseren Armen tragen wir Surfbret-ter, auf die wir sommerliche Motive gemalt haben: Wellen, Palmen, Sonnenuntergänge und …

»Dirk, warum hast du einen Biber auf dein Brett gemalt?«

»Biber leben doch auch im Wasser. Und mögen Bretter. Holzbretter«, verteidigt er sich.

Wir schütteln verblüfft den Kopf. Manchmal ist uns nicht klar, ob Dirk verrückt ist – oder ob wir einfach seinen Humor nicht verstehen.

Unsere Haare sind vom Salzwasser und der Sonne lässig blond gebleicht. Dirk hat allerdings einen schlimmen Sonnenbrand im Gesicht bekommen und schält sich.

Flo und ich tragen bunte Bermuda-Shorts und Tina einen roten Badeanzug. Nur Dirk hat eine ganz enge Badehose an, über die sein Bauch schwabbelt. Als er merkt, dass Tina ihn angewidert anschaut, zieht er sich schnell sein Hawaiihemd über. Denn wir tragen natürlich alle Hemden, auf denen ebenso exotische Motive prangen wie auf unseren Surfbrettern.

Leider wollte Dirks Mutter ihm kein echtes Hawaiihemd kaufen, deswegen hat er nur ein Blümchenkleid seiner kleinen Schwester an. Auf meinem Hemd steht »SPD-Sommerkongress 1989«. Immer noch besser als »Kirchentag 1998«.

»Ich hab schon wieder Haut verloren«, sagt Dirk und sucht im Sand nach seiner Stirn.

»Das ist so widerlich!«, beschwert sich Flo. Er spielt beiläufig an einem Zahn herum, den er an einem alten Lederband um den Hals trägt.

»Den Zahn habe ich damals auf Hawaii einem riesigen Weißen Hai entrissen«, gibt er an.

Tina ist total beeindruckt, aber mir hat er vorhin erzählt, dass es nur der Milchzahn seines kleinen Bruders ist, den er ihm vorhin mit einer komplizierten Schnur-Tür-Vorrichtung entrissen hat. Deswegen sind seine Eltern auch gerade in der Notaufnahme.

»Da, eine Welle!«, ruft Tina plötzlich.

Wir sprinten zum Wasser, aber die Welle ist schon wieder abgeebbt. Da wir uns momentan noch keinen Flug in die Südsee leisten können, stehen wir auch

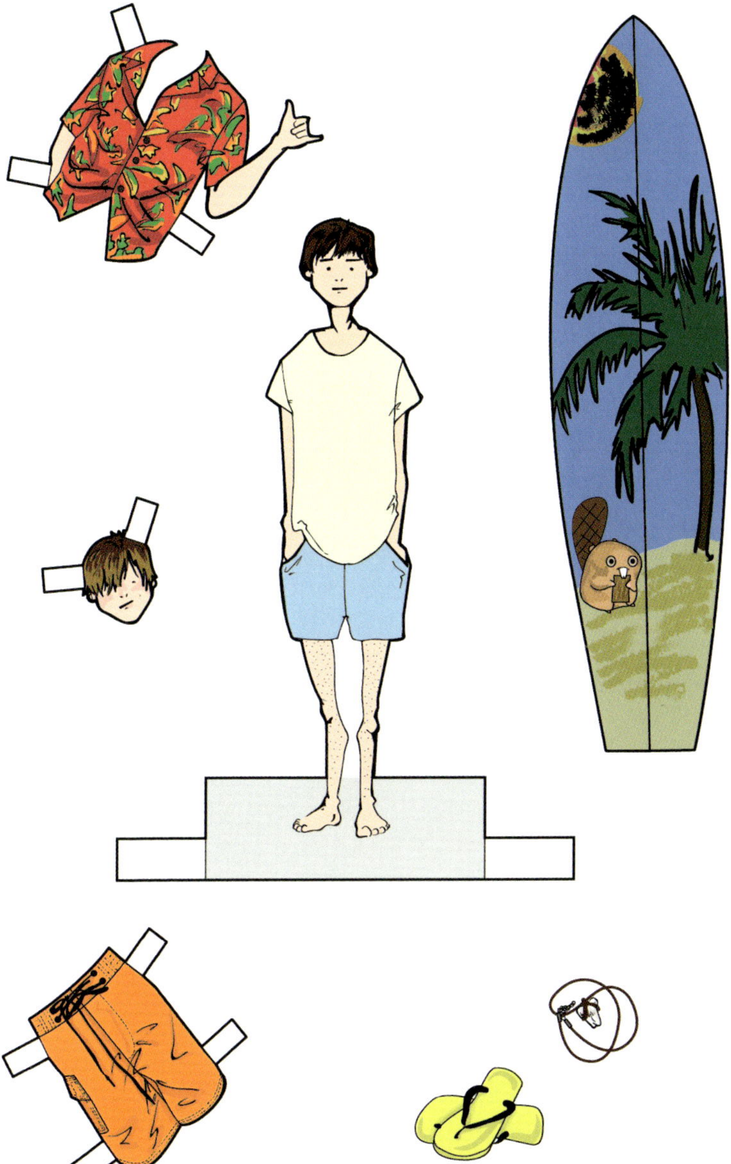

gar nicht am Meer, sondern an der Spree in einer Strandbar.

»Noch eine Welle!«, ruft Dirk. Ein Ausflugsdampfer fährt an uns vorbei, und langsam schwappt Wasser ans Ufer.

Wir springen in die Fluten – und gehen sofort unter, weil wir auch keine echten Surfbretter haben, sondern nur die Bügelbretter unserer Mütter.

Da beschloss ich mich vom Surfen abzuwenden und wurde Heavy Metaller.

39. Wie ich einmal Heavy Metaller war

Wir sind auf dem Weg zur Disko, wo heute Metal Monday ist. Ich habe meine langen Haare mit total viel Haarspray in Form gebracht und trage eine echte Metal-Lederkutte mit den Aufnähern meiner Lieblingsbands. Dirk hat auch eine Kutte an, aber wie immer hat er irgendwas falsch verstanden und sich eine Mönchskutte übergeworfen.

»Dann bin ich halt Mittelalter-Metaller«, ruft er trotzig. Aber auf der Straße bekreuzigen sich immer wieder alte Frauen, wenn sie ihn sehen, und begrüßen ihn mit »Guten Tag, mein Hochwürden.«

Tina trägt einen kurzen Rock, zerrissene Strumpfhosen und riesige schwarze Lackstiefel, mit denen sie zwei Köpfe größer ist als wir. Sonst wäre sie nur einen Kopf größer.

»Pass doch mal auf, Flo!«, jammert Dirk. »Ich habe mich schon wieder an deinen Stacheln gestochen.«

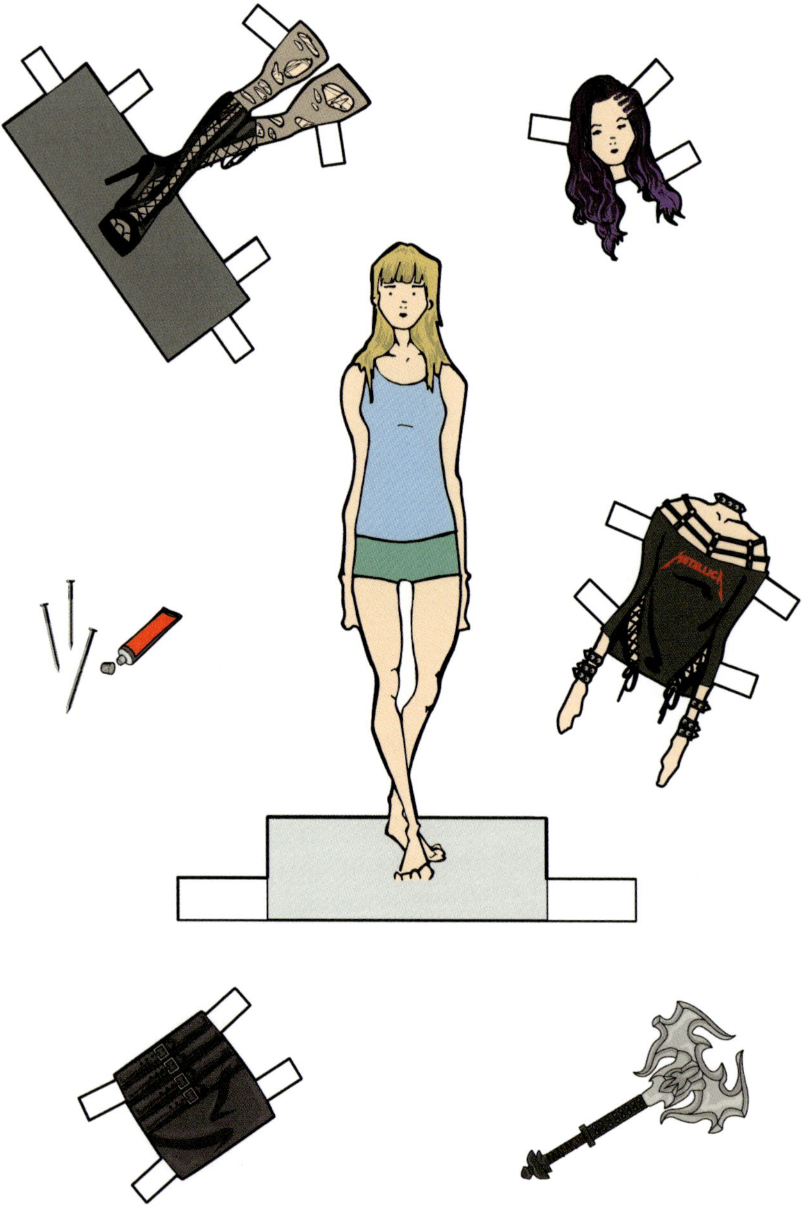
METALLICA

»Dirk, du bist gar nicht true«, sagt Flo, der sich nach seinem großen Vorbild von Guns'n'Roses nur noch Flo Rose nennt.

Er hat sich von Kopf bis Fuß in ein Stachel-Outfit geworfen. Weil er sich aber nicht in den bösen Metalbedarf-Laden reintraut, hat er einfach mit Sekundenkleber ganz viele alte Nägel an die abgeranzte Lederjacke seines Vaters geklebt und eine Rose auf seinen Arm gemalt. Dazu trägt er eine hautenge schwarze Lederhose. Darunter zeichnet sich total viel ab. Wir starren ihn ungläubig an.

Dann nimmt er sein Motorola-Klapphandy aus der Hosentasche, und Dirk und ich atmen beruhigt auf. Tina wirkt etwas enttäuscht.

Als wir bei der Disko ankommen, gehen wir sofort auf die Tanzfläche und headbangen zu Metallica. Dabei sticht Flo Rose einem dicken Metaller mit einem Nagel in den nur mit einem Netzhemd bekleideten Bauch. Der Metaller verprügelt Flo mit seiner Streitaxt und zündet meine Haare an, die wegen des Haarsprays voll gut brennen.

Tina und Dirk kommen ungeschoren davon. Tina, weil sie den Angreifer um einen Kopf überragt, und Dirk, weil der dicke Metaller total gläubig ist und ihn auch für einen katholischen Pfarrer hält.

Da beschloss ich mich vom Heavy Metal abzuwenden und wurde 68er.

40. Wie ich einmal 68er war

Wir treffen uns vor dem Springer-Hochhaus, um die Auslieferung der *Bild*-Zeitung zu verhindern. Nur Dirk ist zu spät, weil er dachte, wir meinten mit 68er die Buslinie 68, und ist deswegen mit dem 68er nach Wittstock/Dosse in Brandenburg gefahren.

Wir haben Schilder mit Forderungen und Sprüchen mitgebracht: Flo, der sich nach seinem großen Vorbild nur noch Che Florian nennt, hält ein Plakat hoch, auf dem steht: »Unter den Talaren der Muff von 1030 Jahren«. Auf meinem Transparent ist zu lesen: »Stoppt den Krieg in Vietnam«. Tina meint aber, der Krieg sei inzwischen leider schon vorbei, sie hätte da letztes Jahr Urlaub mit ihren Eltern gemacht.

Endlich stößt Dirk zu uns. Er trägt ein grünes Alien-Kostüm.

»Was hast denn du an?«, fragt Tina.

»Wir sind doch die Außerplanetarische Opposition«, sagt Dirk.

Plötzlich kommt ein Lastwagen mit der neuen Ausgabe der *Bild*-Zeitung aus dem Tor gefahren. Wir machen ein Sit-in, um den Weg zu blockieren. Der Lastwagen fährt aber einfach über Dirk drüber, weil er denkt, es ist grün.

Schließlich zerfällt unsere Bewegung sehr schnell:

Flo wird Untergrundkämpfer und versucht, ein Kaufhaus anzuzünden. Der Pfadfinderfeuerstein funktioniert aber immer noch nicht, deswegen eröffnet er ein französisches Restaurant namens Chez Florian und wird Millionär.

Tina gründet eine Kommune – die Kommune 2. Eine neue Art von Wohngemeinschaft, in der nur zwei Menschen wohnen und monogam leben.

Dirk fährt mit dem 68er wieder zurück nach Wittstock/Dosse und ward nicht mehr gesehen.

Ich trete den Marsch durch die Institutionen an, verlaufe mich aber schon ganz am Anfang, wandte mich deswegen von den 68ern ab und wurde Spießer.

41. Wie ich einmal Spießer war

Wir sitzen in unserem Schrebergarten und grillen. Unsere Siebenachtelhosen mit abnehmbaren Taschen haben wir mit Sandalen und weißen Tennissocken kombiniert. Tina hat sich eine Dauerwelle frisiert und trägt ein langes Blümchenkleid.

»Es wird ja auch schon ganz schön kühl«, sagt sie und zieht sich eine rote Jack-Wolfskin-Multifunktionsjacke über. Flo besitzt eine identische und zieht sie sich auch schnell an.

Wir grillen ausschließlich riesige Fleischstücke und Würste. Immerhin hat Tina noch ein paar Salate gemacht, als Frau ist sie ja fürs Kochen zuständig. Es gibt Kartoffelsalat, Nudelsalat und Fleischsalat.

»Diese Vegetarier wollen uns den Spaß am Essen verderben«, motzt Flo. »Ich bin ab jetzt Fleischitarier und esse nur noch Tier.« Er lacht und nimmt einen großen Schluck Bier. Allerdings ist es kein echtes Bier, weil Flo von seinem Vater erwischt wurde, als er es aus dem Kühlschrank klauen wollte, sondern leicht gegorenes Wasser aus der Regentonne.

Dirk setzt sich in der Zwischenzeit auf den riesigen Rasenmäher. Schließlich soll unser Garten ja schön aufgeräumt sein. Er fährt aber viel zu schnell los und mäht Tinas Geranien nieder.

»Ich stutze noch schnell die Buchsbaumhecke«, sage ich, um von Dirks Malheur abzulenken, und werfe die elektrische Heckenschere an. Leider rutscht sie mir aus der Hand, und ich köpfe ein paar Gartenzwerge.

»Was macht ihr denn hier?«, fragt uns ein Baumarkt-Mitarbeiter. Da wir nämlich noch keinen eigenen Schrebergarten haben, sitzen wir in der Gartenabteilung von Obi.

»Wollen Sie auch eine Bratwurst?«, fragt Flo und hält dem Mitarbeiter eine halb verbrannte Wurst unter die Nase. »Oder sind Sie einer dieser blöden Vegetarier?«

»Ich bin Veganer«, sagt der Baumarkt-Mitarbeiter und bedroht uns mit einer riesigen Stichsäge.

Da beschloss ich mich vom Spießertum abzuwenden und wurde Ballermann-Mann.

42. Wie ich einmal Ballermann-Mann war

»Geil, Ballermann, Zickezacke, hau ruck und weg!«, grölen wir und kippen jeder ein Bier. Flo hat es endlich geschafft, welches von seinem Vater zu klauen.

Total besoffen stehen wir Arm in Arm vor dem legendären Ballermann 6 in Palma de Mallorca und feiern. Was wir feiern, wissen wir allerdings nicht mehr so genau. Irgendwas mit Deutschland und Fußball bestimmt.

Die Sonne knallt auf unsere Bierbäuche, die unter unseren Hemden hervorquellen. Also bei Dirk wenigstens. Er hat auch schon wieder einen schlimmen Sonnenbrand bekommen.

Wir tragen kurze Hosen, Badelatschen und weiße Feinripp-Unterhemden mit Kotzflecken. Ich habe außerdem einen Trink-Helm auf, an dem an beiden Seiten Ein-Liter-Bierdosen befestigt sind, Flo hat sich einen roten Mantel umgehängt und singt die ganze Zeit: »Ich bin der König von Mallorca.«

Als wir das Bier geext haben, holt Dirk einen großen Putzeimer hervor, gefüllt mit Sangria, den wir mit langen bunten Strohalmen einsaugen.

»Schmeckt irgendwie komisch, das Zeugs«, sage ich angewidert.

»Vielleicht hätte ich den Eimer vorher ausspülen sollen«, meint Dirk.

Ich spucke den Sangria sofort aus. Flo muss sogar kotzen, aber als echter Ballermann-Mann kotzt man ja eh ständig.

Wir sind allerdings gar nicht auf Malle, weil unsere Eltern das nicht erlaubt haben, sondern stehen vor der Disko Q-Dorf in Charlottenburg, wo heute Ballermann-Party ist. Leider sind wir nicht reingekommen, weil die Türsteher meinten, wir wären nicht cool genug. Wir sind wahrscheinlich die einzigen Menschen, die nicht ins Q-Dorf reingekommen sind, weil sie zu uncool sind.

»Lass mal zu einem anderen Club fahren«, schlage ich vor.

Flo muss noch mal kotzen und fällt betrunken in einen Busch. Dabei singt er: »Ein Bett im Kornfeld ist immer frei.« Wir anderen versuchen, in die Matrix, in die Eckkneipe »Zum traurigen Trinker« und in den Tresor reinzukommen, werden aber immer abgewiesen. Nur Dirk lassen die Türsteher rein, weil sie ihn niedlich finden und er ihnen seinen Eimer mit Sangria schenkt.

Da beschloss ich mich vom Ballermann abzuwenden und wurde Jazzer.

43. Wie ich einmal Jazzer war

Wie jeden Samstag besuchen wir die Jam-Session in unserem Stamm-Jazzclub. Der Türsteher kennt uns bereits und begrüßt uns wie immer herzlich: »Ihr schon wieder. Um zehn müsst ihr aber ins Bett, Kinder!«

Tina hat einen Pelzmantel an und hält zwischen ihren dunkelrot lackierten Fingern lasziv eine Zigarette. Wir Jungs tragen schwarze Nadelstreifenanzüge und rauchen Zigarillos. Da uns aber der Mann im Tabakladen keine Zigarillos verkaufen wollte, weil wir noch zu jung sind, paffen wir an unseren Lamy-Kinderfüllern.

»Das ist wirklich ein ausgesprochen guter Pianist«, sagt Flo und deutet auf den Klavierspieler, der gerade ein halbstündiges Solo spielt, das sich anhört, als würde er einfach zufällig irgendwelche Tasten drücken.

»Der Gitarrist auch!«, ruft Dirk, als der nächste

Musiker mit seinem komplizierten Solopart beginnt.

»Das ist der Bassist«, sage ich, und wir hören eine Stunde lang ein Bass-Solo an.

Dirk ist inzwischen eingeschlafen und schnarcht im Takt des Jazz-Rhythmus. Ich wusste gar nicht, dass man so kompliziert schnarchen kann. Unter seinem Arm steckt eine kleine Trompete aus Plastik, mit der er eigentlich bei der Jam-Session mitmachen wollte.

Auch wir anderen haben unsere Instrumente mitgebracht: Flo seine orangene Kindergitarre, Tina ihre Blockflöte und ich eine Triangel, weil ich total unmusikalisch bin und kein richtiges Instrument spielen kann.

Als die Band fertig ist, gehen wir auf die Bühne und spielen *Hänschen Klein*, am Ende mache ich mit meiner Triangel einmal so laut Pling, dass ein paar Weingläser zerspringen und sich die Leute die Ohren zuhalten. Dann kommt unser Freund, der Türsteher, und will uns rauswerfen. In diesem Moment wacht Dirk auf.

»Ihr habt ohne mich gespielt!«, ruft er beleidigt, »dabei hab ich ein krasses Solo vorbereitet.«

Er bläst in seine Plastiktrompete, es kommen komische atonale Geräusche raus, die sich anhören wie Benjamin Blümchen mit Schnupfen. Peinlich berührt schauen wir weg.

Das Publikum ist aber total begeistert, und alle denken, dass er voll der begabte Free Jazzer ist. Deswegen schmeißt der Türsteher nur uns andere raus. Dirk darf bleiben. Türsteher mögen ihn einfach.

Da beschloss ich mich vom Jazz abzuwenden und wurde Grunger.

44. Wie ich einmal Grunger war

Wir sitzen in Flos Kinderzimmer und hören schon zum siebten Mal die Nirvana-Kassette, die uns Tinas großer Bruder überspielt hat. Es sind die berühmten Unplugged-Aufnahmen.

»Tell me where did you sleep last night?«, singen wir mit.

»Zu Hause«, antwortet Dirk. »Ich darf ja noch nicht bei euch übernachten, weil ihr nicht so einen Plastikbezug fürs Bett habt und nachts…«

»Zu viele Informationen!«, unterbricht ihn Flo.

Dirk verstummt beleidigt.

Wir sind natürlich perfekt grungemäßig angezogen: Von unseren Vätern haben wir Holzfällerhemden geklaut und von unseren Müttern Wollstrickjacken (bei Dirk hängt noch eine goldene Schmetterlings-Brosche dran). Unsere Jeans sind an den Knien kunstvoll zerrissen. Nur auf Dirks Hosen kleben auf den Löchern bunte Aufnäher

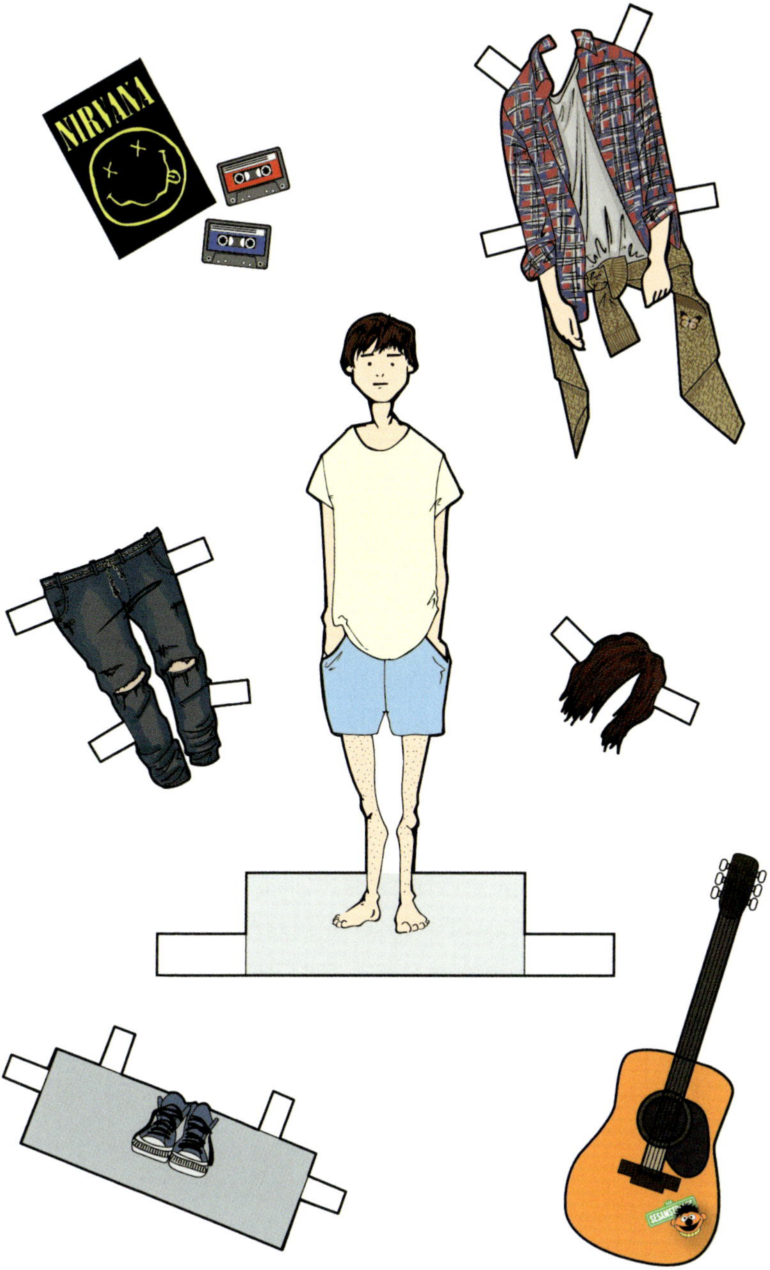
NIRVANA

von der *Sesamstraße*. Aber er behauptet felsenfest, dass die *Sesamstraße* voll grunge ist, da Oscar ja in einer Mülltonne lebt. Unsere pickligen Gesichter verstecken wir hinter strähnigen, ungewaschenen Haaren.

»Das ist überhaupt kein Holzfällerhemd«, sagt Flo und zeigt auf das rosa-kleinkarierte Hemd.

»Ich kann ja nichts dafür, dass mein Vater bei einer Bank arbeitet«, entschuldige ich mich.

»Und dein Vater ist Holzfäller?«, fragt Dirk Flo.

»Nein, er ist Erdkundelehrer, da gehören solche Hemden auch zur Berufsbekleidung.«

Auf einmal geht die Tür auf. Tina kommt rein und setzt sich zu uns. Sie trägt wie ihr großes Vorbild Courtney Love ein weißes, kaputtes Unterkleid.

Um sie zu beeindrucken, holt Flo seine Gitarre hervor und spielt zehnmal hintereinander den Anfang von *Come As You Are*. Also eigentlich spielt er wieder *Hänschen Klein*, weil es das einzige Lied ist, das er kann.

»Ich komme mit meinem Erfolg nicht mehr zurecht«, ruft Flo auf einmal und zertrümmert die Gitarre. Unbeeindruckt legt Tina noch mal das Nirvana-Tape ein, das schon total ausgeleiert ist. Kurt Cobain hört sich jetzt eher an wie Dirk, als er noch im Stimmbruch war. Also so vor zwei Wochen.

Später kommt dann Flos Vater ins Zimmer und

verlangt sein Holzfällerhemd zurück, weil er noch Nachmittagsunterricht hat.

Da beschloss ich mich vom Grunge abzuwenden und wurde Kampfsportler.

45. Wie ich einmal Kampfsportler war

»Jahu«, ruft Florian mit hoher Stimme, macht ein paar seltsame Armbewegungen, die aussehen, als würde er irgendetwas in der Luft durchschneiden, schreit noch mal »Jahu« – und tritt dann Dirk in die Eier. Dirk geht sofort auf die Trainingsmatte nieder und beginnt zu weinen.

»Ihr hattet doch versprochen, nicht mehr zwischen die Beine zu treten«, schluchzt er mit hoher Stimme.

»Krasser Move, Norris«, sage ich anerkennend zu Flo.

Florian nennt sich jetzt nach seinem großen Kampfsportvorbild nur noch Flo Norris. Ich heiße Bruce Leeman. Dirk heißt immer noch Dirk, weil er noch nie einen Kampf gewonnen hat.

Wir stehen in unserem Trainingsraum und treiben Kampfsport. Natürlich tragen wir weiße Judo-Anzüge. Flo hat sich einen schwarzen Gürtel umgebunden, ich einen blauen – und Dirk einen in Rosa. Den hat er vom Bademantel seiner Mutter geklaut. Weil Dirk aber so dick ist, reicht der Gürtel nicht ganz um seinen Bauch herum, und er muss seinen Anzug trotzdem immer zusammenhalten. Das behindert eindeutig seine Kampfmoves.

Leider besitzen wir keine echten Judo-Anzüge, sondern haben uns stattdessen ein paar Badehandtücher umgewickelt. Wir stehen auch nicht direkt in einem Trainingsraum, sondern in der Waschküche der Villa von Dirks Eltern.

»Für welche Kampfstufe steht denn ein rosa Gürtel?«, frage ich Dirk, der sich langsam wieder aufrappelt.

Bevor er antworten kann, rufe ich »Jahu«, mache ein paar Armbewegungen, als würde ich eine imaginäre Gurke schälen – und trete Dirk in die Eier.

Er fällt sofort wieder auf die Matte zurück, die auch keine richtige Matte ist, sondern nur der Steinboden der Waschküche.

»Exzellenter Kick«, sagt Flo Norris. »Aber jetzt steht der Kampf zwischen uns zwei Großmeistern an.«

Wir stellen uns gegenüber auf und verbeugen uns ehrfürchtig voreinander, wie man es vor jedem Kampf macht. Dabei knallen wir aber mit unseren Köpfen aneinander und fallen neben Dirk auf den

Boden. Der rappelt sich auf und wirft sich auf Flo, um sich zu rächen. Flo läuft rot an, weil er keine Luft mehr bekommt.

»Was soll denn das?«, frage ich.

»Ich bin ein Sumo-Ringer!«, ruft Dirk, steht wieder auf, nimmt Anlauf und springt auf mich.

Da beschloss ich mich vom Kampfsport abzuwenden und wurde Poetry Slammer.

46. Wie ich einmal Poetry Slammer war

»Herzlich willkommen zum ersten FLOW Poetry Slam«, ruft Florian enthusiastisch, und wir applaudieren brav.

Flo steht auf der Bühne am Mikrofon, das eigentlich ein Duschkopf ist, den er vorhin im Badezimmer abmontiert hat. Auch die Bühne ist nicht echt, sondern nur der Wohnzimmertisch. Wir sitzen nämlich bei Flo zu Hause, wo er seinen ersten eigenen Poetry Slam ausrichtet. Wir sind die einzigen Zuschauer und mussten Eintritt bezahlen.

»Ein Poetry Slam ist ein moderner Dichterwettstreit, bei dem das Publikum die Jury ist und entscheidet, wer gewinnt«, erklärt Flo die Regeln. »Man hat fünf Minuten Zeit, darf nur selbst geschriebene Texte vortragen und keine Hilfsmittel benutzen.«

Er verteilt Jurytafeln mit den Noten eins bis zehn an uns. Wir sind aber nicht nur Zuschauer und Jury, sondern auch gleichzeitig die Slammer.

Dirk ist als Erster dran. Er nimmt das Mikro in die Hand und beginnt ein Gedicht vorzutragen, das er vorhin auf eine Serviette gekritzelt hat:

»Alle finden mich immer zu dick und rund
diese Zurückweisung wird mir langsam zu bunt
Essen spendet mir Trost, ein Döner mit Chicken
finde ich sogar schöner als …«

»Deine Zeit ist um, Dirk!«, unterbricht ihn Flo. »Kommen wir zur Abstimmung.«

Dirk bekommt ausschließlich Null-Punkte-Wertungen von uns. Traurig beißt er in einen mitgebrachten Döner.

Danach steige ich auf die Wohnzimmertisch-Bühne. Ich lese eine Geschichte darüber vor, wie ich einmal Teil einer Jugendkultur war und wie witzig das ist. Ich verlese mich aber voll oft, und einmal fällt mir das Duschkopf-Mikro runter, und meine ganze Hose wird nass. Das ist mein einziger Lacher.

Der Text kommt bei der Jury nicht gut an. Flo und Tina geben mir beide drei Punkte, Dirk immerhin fünf, weil in meiner Geschichte die Biene Maja vorgekommen ist.

Als Letztes ist Tina an der Reihe.

»Mein Text heißt: Liebe, Erwachsenwerden und Schreiben«, sagt Tina, »und er geht um die Liebe, das Schreiben und das Erwachsenwerden.«

Sie wirft sich in Pose und beginnt frei vorzutragen:

»Ich schreibe ein Poetry-Slam-Gedicht
über die Liebe
Wichtig ist da vor allem die Beton-
ung
Ich liebe dich immer weiter
in meiner
Wohn-
ung
Du bist zu weit ge-
gangen
wir sind in unseren Seelen ge-
fangen und spielen Verstecken mit unseren Herzen
überall Ecken, an denen wir uns stoßen
du verstößt mich
ich entblöß mich
vor dir, renne nackt in die kalte
Nacht heraus
erschrecke Senioren im Hinterhaus.
Eines Tages, Baby, werden wir alle alt,
der Körper ist schon ganz
kalt,
in der Leichen-
halle,
liegt Opa
Kalle.«

Flo und Dirk brechen in Begeisterungsstürme aus, und Tina bekommt nur Zehn-Punkte-Wertungen.

»Mach dir nichts draus, Sebastian«, ruft Tina und bespritzt mich mit dem Siegersekt. »Es geht beim Poetry Slam ja nicht ums Gewinnen, sondern nur darum, dass ich viel besser bin als du.«

Da beschloss ich mich vom Poetry Slam abzuwenden und wurde Heimwerker.

47. Wie ich einmal Heimwerker war

Ich komme gerade aus dem Baumarkt, wo ich Nägel, Holzlatten und einen riesigen Hammer gekauft habe. Die unfreundlichen Baumarkt-Mitarbeiter wollten mich allerdings nicht richtig beraten, und so habe ich aus Versehen Fußbodenlaminat statt Holz gekauft. Der Hammer ist aus Schaumgummi. Dabei planen wir doch schon lange, eine neue Hundehütte für Lilly zu bauen.

Wir treffen uns in der Villa von Dirks Eltern. Die anderen haben schon angefangen. In der Garage schraubt und hämmert Flo eifrig. Er trägt wie ich eine Zimmermannshose und eine Weste, in die er mehrere Zollstöcke und Schraubenzieher gesteckt hat. Aus seiner Hosentasche ragt sogar ein Schlagbohrer.

»Das ist meine Hütte für Lilly, Tina und Dirk wollten mich bei ihrer nicht mitmachen lassen«, sagt er und deutet auf eine kleine, krumme Holzkiste auf dem Boden. Ich gehe einen Schritt auf die Kiste zu, von dem Luftzug bricht sie sofort in sich zusammen.

»Das bekomm ich gleich wieder hin, ich muss nur ein paar Schrauben nachziehen«, ruft Flo und zückt den Schlagbohrer. Er rutscht aber vom Holz ab und bohrt aus Versehen ein riesiges Loch in den weißen Mercedes von Dirks Vater. Zur Strafe haue ich ihm mit dem Schaumstoffhammer auf den Kopf.

Plötzlich hören wir Schläge von draußen.

»Hör mal, wer da hämmert«, sage ich.

»Das muss Tina sein«, meint Flo.

Wir gehen in den Garten, wo Tina gerade an einem mehrstöckigen Holzhaus baut, das fast so groß ist wie die Villa. Sie schaut aus einem Fenster im zweiten Stock und grinst uns stolz an.

In diesem Moment hören wir einen lauten Schrei aus dem Keller. Wir rennen sofort die Treppen hinunter und finden Dirk, der neben einer sehr großen Kreissäge steht und uns verlegen angrinst.

Er hält seinen rechten Daumen hoch.

Mit der linken Hand.

»Nix passiert«, sagt er und versucht den Daumen wieder in seine Hand zu stecken.

Da beschloss ich mich vom Heimwerken abzuwenden und wurde Trekkie.

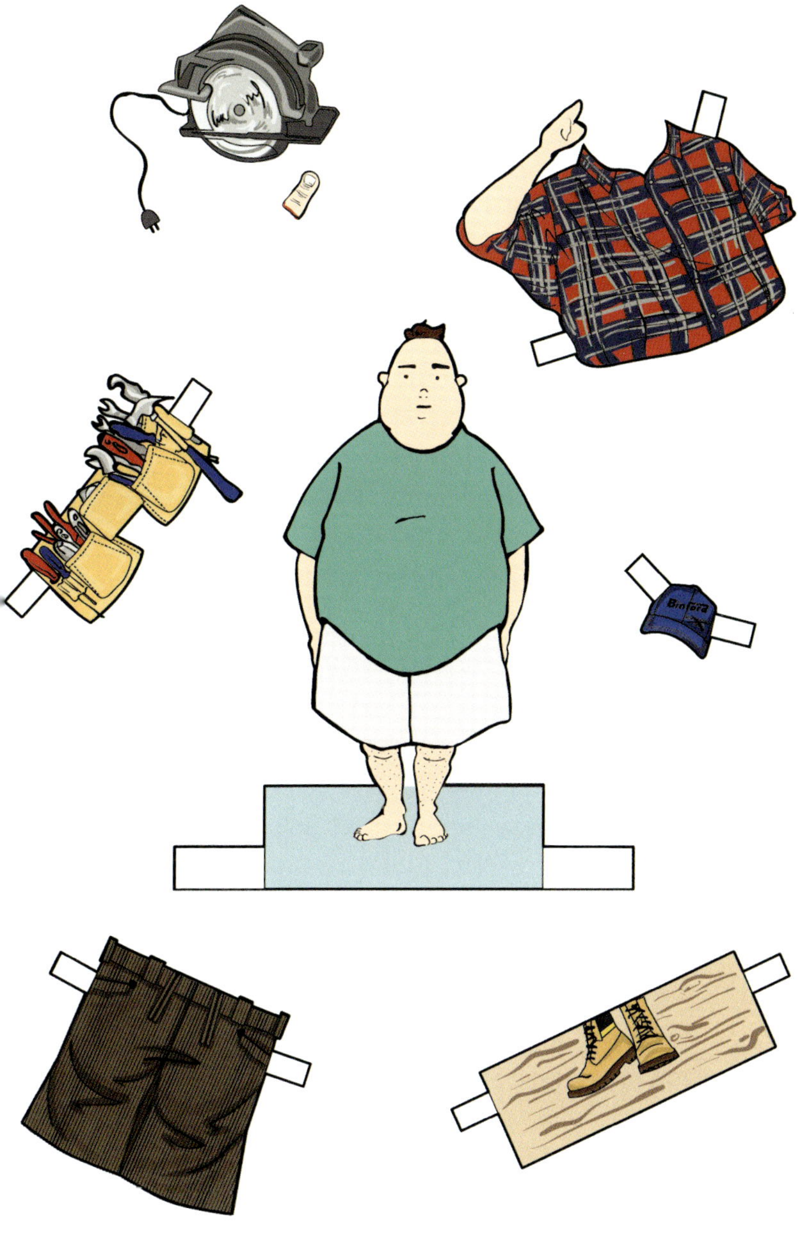
Binford

48. Wie ich einmal Trekkie war

»Wir sollten uns auf die Oberfläche des Planeten beamen und unbekannte Lebensformen erforschen«, sagt Commander Flo und zieht seine Uniform der Planeten-Föderation zurecht.

Wir stehen auf der Brücke der Enterprise und schauen in die Weite des Weltalls.

»Das entscheide immer noch ich als Kapitän dieses Raumschiffs!«, sagt Captain Dirk.

»Du hast ja nicht mal eine richtige Uniform an«, sagt Flo und zeigt auf Dirks Schlafanzugoberteil.

»Ich empfange seltsame Sprachnachrichten«, unterbricht sie Tina, die jetzt als Kommunikationsoffizier Lieutenant Uhutina auf der Enterprise arbeitet.

»Faszinierend«, sage ich und ziehe eine Augenbraue hoch. Leider kann ich das nicht so richtig, weswegen ich eigentlich nur meine beiden Augen ganz weit aufreiße, so dass es aussieht, als würde ich schlimm schielen.

»Dirk, du wirst zuerst runtergebeamt«, sagt Commander Flo und schubst Dirk von der Brücke. Wir stehen nämlich auf der Admiralsbrücke in Kreuzberg. Dirk landet im Landwehrkanal.

»Das ist voll gemein!«, ruft Dirk, als er aus dem Wasser steigt. »Habt ihr denn gar keine Gefühle?«

»Nein«, sage ich. »Wir Vulkanier besitzen keine Emotionen.«

»Dann wechsle ich jetzt auf den Millenium-Falken«, ruft Dirk.

»Star Wars ist eh viel besser«, sagt Flo. »Dirk, du kannst Jubba the Hut sein.«

Die beiden gehen nach Hause.

»Friede und langes Leben«, rufe ich ihnen hinterher. Ich versuche mit meiner Hand den Vulkanier-Abschiedsgruß zu formen, schaffe es aber nicht, die Finger an der richtigen Stelle zu spreizen, und es sieht jetzt eher aus, als würde ich Flo den Stinkefinger zeigen.

Danach stehen Tina und ich allein auf der Brücke und schauen in den Berliner Nachthimmel. Man sieht genau einen Stern.

»Deine Augen leuchten wie dieser Stern am Himmel«, flüstere ich ihr romantisch zu.

»Das ist eine Drohne«, sagt Tina und geht weg.

Da beschloss ich mich von den Trekkies abzuwenden und wurde Teil der Hamburger Schule.

49. Wie ich einmal Teil der Hamburger Schule war

Es ist Samstagabend, und wir sitzen nebeneinander bei Flo zu Hause auf dem Teppichboden. Wie immer hören wir Tocotronic.

Mir ist ziemlich warm in meiner Adidas-Jacke, aber die anderen tragen auch alle bunte Sportjacken. Dazu haben wir kaputte Cordhosen mit Schlag an und alte T-Shirts mit dem Gesicht des Brandt-Zwieback-Jungen als Motiv – jedenfalls Flo und Tina. Bei mir ist leider der gar nicht coole Kinderschokoladen-Junge drauf. Aber ich bin ja auch noch neu in der Hamburger Schule.

Auf einmal piept Flos neue Casio-Digitaluhr.

»Warum hast du so eine komische Uhr?«, frage ich.

»Digital ist besser«, sagt Flo und schaut abfällig auf meine orangene Swatch.

»Das sind wirklich die Grenzen des guten Geschmacks«, sagt Tina und schüttelt den Kopf.

Ich stehe auf und hole mir ein Astra aus dem Kühlschrank. Dabei laufe ich gegen den Türrahmen, weil mein Pony so lang ist und ich deswegen nichts sehe.

Als ich wieder zurückkomme, erwische ich Flo und Tina beim Knutschen. Sie hören sofort damit auf und schauen schüchtern auf den Boden. Es ist egal, aber ein bisschen traurig bin ich jetzt doch.

Plötzlich geht die Tür auf, und Dirk betritt das Zimmer.

»Hi, Freaks«, sagt er und setzt sich zu uns auf den Boden. Er trägt ein Flanellhemd und eine zerrissene Jeans, weil er lieber wieder Grunger sein will.

»Wir sind hier nicht in Seattle, Dirk«, sage ich. »Sondern in der Hamburger Schule.«

»Aber ich gehe doch in Zehlendorf aufs Gymnasium«, sagt Dirk.

»Was hat dich bloß so ruiniert?«, fragt Flo.

»Alles, was ich will, ist, nichts mit euch zu tun haben«, sagt Dirk.

»In Zehlendorf auf die Schule gehen ist ja okay«, sagt Tina, »aber hier leben, nein danke!«

»Jungs, hier kommt der Masterplan«, ruft Flo plötzlich. »Wir gehen jetzt tanzen.«

»Das wird die größte Party der Geschichte«, sagt Tina.

In der Disko wippen wir dann mit unseren langen

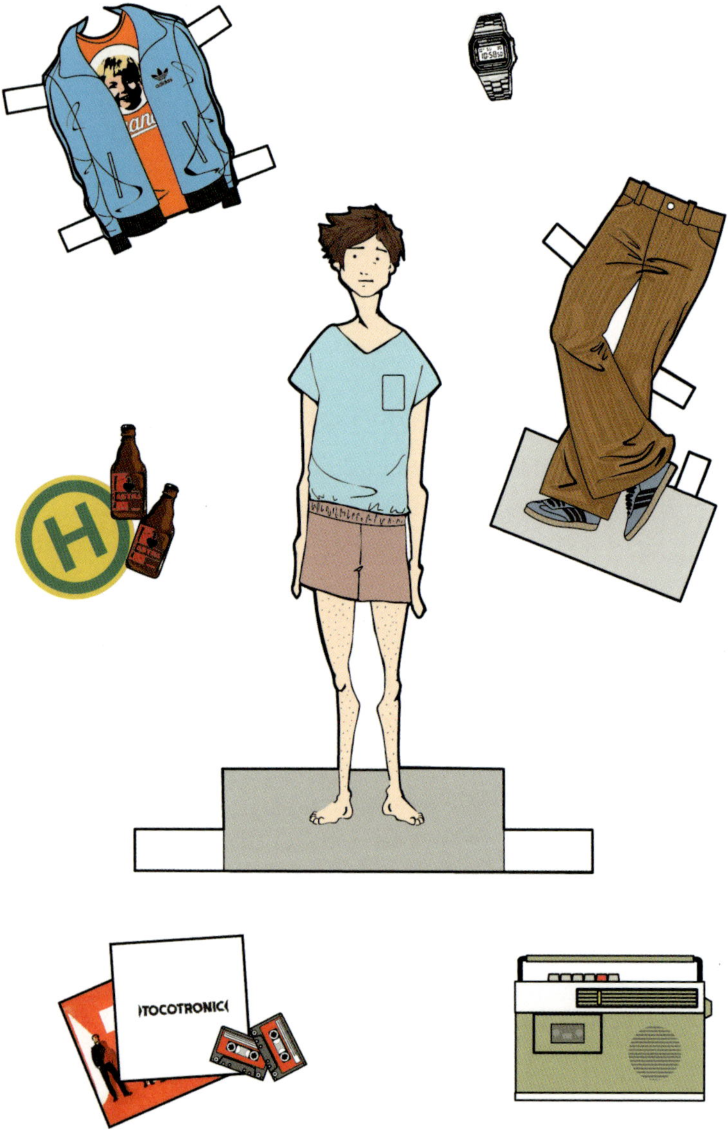
)TOCOTRONIC(

Ponys im Takt der Musik mit und schauen melancholisch auf unsere Second-Hand-Sambas. Eigentlich ist es auch keine richtige Disko, sondern nur die Bushaltestelle, wo wir unseren Kassettenrekorder aufgestellt haben.

»Auf einem Blatt in meinem Herzen steht dein Name«, sage ich zu Tina. Weil ich zu schüchtern bin, habe ich aber so leise gesprochen, dass sie es gar nicht gehört hat.

»Willst du noch mehr Kinderschokolade?«, fragt mich Flo. Tina und er lachen mich aus und essen ihren mitgebrachten Brandt-Zwieback. Sie sind so cool.

Traurig steige ich in den nächsten Bus. Es regnet. Wo kommen nur all die grauen Wolken her?

Bevor der Bus losfährt, sehe ich Flo und Tina unter ihren Ponys knutschen. Jetzt möchte ich wirklich Teil einer anderen Jugendbewegung sein, deswegen beschloss ich mich von der Hamburger Schule abzuwenden und wurde Fußball-Hooligan.

50. Wie ich einmal Fußball-Hooligan war

»Schland! Schland! Schland!«, grölen wir und marschieren zum Olympiastadion. Wir trinken Dosenbier und schwenken Deutschlandfahnen. Jedenfalls Flo und ich, Dirk hat aus Versehen eine belgische Fahne gekauft und wurde auf dem Weg deswegen schon dreimal von deutschen Hooligans verprügelt.

Auf unsere Gesichter haben wir kleine Deutschlandfahnen gemalt, allerdings war Gold als Farbe gerade aus, und auf unseren Backen prangt jetzt Schwarz-Rot-Orange.

Leider gab es auch keine Tickets mehr für das richtige Deutschlandspiel, deswegen gehen wir nicht wirklich zum Olympiastadion, sondern zum Bolzplatz, wo heute die Auswahl unserer Schule gegen die zweite Mannschaft der Nachbarschule spielt.

Flo beginnt einen neuen Fangesang: »Schalala, ihr könnt nach Hause gehen!«

Zwei dicke Jungs, die auf der Ersatzbank sitzen und von den Sportskanonen aus der fünften Klasse immer Bälle in die Eier geschossen bekommen, stehen erleichtert auf und gehen nach Hause.

»Wir fahren nach Berlin! Wir fahren nach Berlin!«, skandiert Dirk enthusiastisch.

»Sei ruhig, Dirk!«, sage ich, »wir sind doch schon in Berlin.«

Dann brennt Flo ein bengalisches Feuer ab und zündet eine Rauchbombe. Also, nicht direkt, eigentlich wirft er nur ein paar Knallerbsen auf den Rasen, die leider auch gar nicht explodieren.

»Sollen wir jetzt die gegnerischen Fans verkloppen?«, fragt Dirk, und wir blicken hoffnungsfroh in die Fankurve der Nachbarschule. Da stehen allerdings nur die Mütter der gegnerischen Spieler und funkeln uns böse an.

Plötzlich wird ein Spieler von unserer Schule im Strafraum gefoult, aber der Schiedsrichter lässt weiterspielen.

»Schiri, wir wissen, wo dein Auto steht«, singen wir. Das wissen wir nämlich wirklich, weil der Schiri Dirks Vater ist, der uns nachher mit seinem Mercedes nach Hause fahren soll.

»Und wir kennen eure Eltern!«, rufen jetzt aber die Mütter von der Nachbarschule und beschießen uns mit Bällen.

Flo versucht mit den Knallerbsen dagegenzuhalten, aber die Mütter sind in der Überzahl. Ich bekomme einen Ball in den Magen und Dirk an den Kopf. Er fällt sofort in Ohnmacht.

Da beschloss ich mich vom Fußball abzuwenden und wurde Mountainbiker.

51. Wie ich einmal Mountainbiker war

Erschöpft stehen wir auf dem Berggipfel und blicken ins Tal. Wir tragen alle Radlerhosen und hautenge, atmungsaktive T-Shirts in Neonfarben. Außer Dirk, der eine schwarze Lederjacke und eine Lederhose anhat, weil er dachte, Mountainbiker und Biker wären das Gleiche. Wenn er in die Pedale tritt, quietscht das Leder immer total laut.

Ich besitze auch kein atmungsaktives Shirt, deshalb habe ich einfach ganz viele Löcher in mein T-Shirt geschnitten.

»Mir ist total schwindelig«, sagt Flo auf einmal. Er ist sehr weiß im Gesicht. Weil er im Fernsehen gesehen hat, dass alle Radfahrer Eigenblutdoping machen, hat er sich vorhin ganz viel Blut abgenommen, es dann aber nicht mehr zurück in seinen Arm bekommen.

Tina steigt auf ihr Fahrrad. »Lasst uns losfahren!«, ruft sie gut gelaunt und tritt in die Pedale.

Wir beginnen mit der Abfahrt. Die ist allerdings sehr kurz, weil es in Berlin und Brandenburg keine richtigen Berge gibt. Deswegen biken wir die Müllhalde hinter Eberswalde runter. Wenn wir hinfallen, ist es doppelt schlimm: Es tut weh, und wir landen in stinkenden Abfällen.

Leider besitzen wir auch noch keine richtigen Mountainbikes. Tina und Flo haben ihre ganz normalen Fahrräder dabei, ich das Damenrad von meiner Mutter – bei dem von meinem Vater ist die Stange in der Mitte noch zu hoch – und Dirk das Kettcar seiner kleinen Schwester, weil er sonst immer umfällt.

Er fällt aber auch so um, landet auf einem alten Autoreifen und rutscht damit hinter uns die Müllhalde runter. Es scheint ihm sogar Spaß zu machen.

Unten angekommen treffen wir die bösen Fünftklässler. Sie posieren mit ihren teuren Mountainbikes und zwinkern Tina zu.

»Komm, wir gehen«, sagt Flo zu ihr, aber in diesem Moment fährt uns Dirk mit seinem Autoreifen um, und wir landen in einem Abfallberg.

Da beschloss ich mich vom Mountainbiken abzuwenden und wurde Rockabilly.

52. Wie ich einmal Rockabilly war

Ich schaue Florian, der inzwischen Billy heißt, entsetzt in die Augen. Er hält einen riesigen, schwarzen Ring in der Hand und grinst mich an.

»Der muss in dein Ohr, Billy«, sagt er. Ich nenne mich jetzt nämlich auch Billy.

Wir stehen mit Dirk, der ebenfalls Billy heißt, auf dem Schulhof und betrachten unsere Ohrläppchen.

»Ich weiß nicht, ob das da reinpasst, ich habe ja sehr zarte Ohren«, sage ich und streiche mir unsicher über mein weißes Feinripp-Unterhemd. Flo Billy und Dirk Billy tragen das gleiche Hemd (die Kotzflecken vom Ballermann sieht man fast gar nicht mehr). Unsere dunkelblauen Jeans sind bis zu den Knöcheln hochgekrempelt, und mein Geldbeutel steckt an langen Metallketten befestigt in der hinteren Hosentasche. Dirk hat allerdings noch einen peinlichen Brustbeutel mit seiner Monatskarte und dem Impfpass um den Hals hängen.

»Bei mir passen sie ja auch rein!«, ruft Flo. Er hat nämlich schon richtige Tunnel in seinen Ohrläppchen. Die sind aber inzwischen ziemlich entzündet und leuchten rot. Dazu trägt er einen Nasenring, und sein ganzer Unterarm ist mit Tattoos verziert. Seine Mutter erlaubt ihm aber immer noch nicht, sich tätowieren zu lassen, deswegen musste er sich ein Kurzzeit-Tattoo eines rosa Delphins aus der *Bravo Girl* aufkleben.

Auch der Nasenring ist nicht ganz echt, sondern nur der Ohrring von Dirks kleiner Schwester, den er mit einem Bolzenschneider geknackt und in seine Nase gesteckt hat. Immer wenn er niest, fällt er raus. Und Flo ist Allergiker. Und es ist Frühling. Und auf dem Schulhof stehen mehrere Birken.

Tina kommt zu uns. Sie trägt ein rotes Fifties-Pünktchenkleid, hat sich eine riesige Haartolle frisiert und raucht ihre Zigarette mit einem Filteraufsatz. Wir blicken sie schmachtend an.

»Hi, Billy.« Sie mustert erst Flo und dann mich.

»Ich heiße auch Billy«, mischt sich Dirk ein, aber alle ignorieren ihn wie immer.

Dann muss Flo wieder niesen, und sein Nasenring fliegt Tina ins Gesicht.

»Ihh, ihr seid voll eklig«, ruft sie und geht zu einer Gruppe Fünftklässler, die uns böse angrinsen.

»Toll, Flo!«, sage ich, »das hast du ja total versaut.«

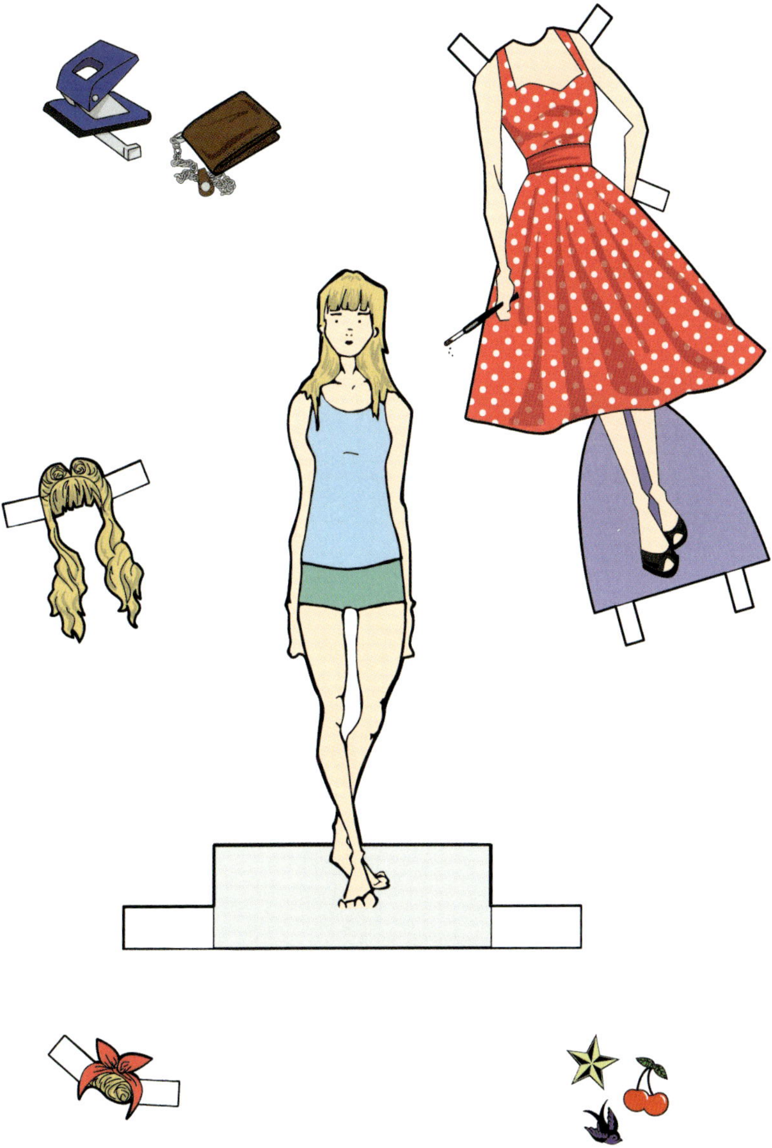

»So, du bekommst jetzt deinen Tunnel!«, ruft Flo aber, hält mich fest und holt einen riesigen Locher aus seiner Tasche.

Da beschloss ich mich vom Rockabilly abzuwenden und wurde Sprayer.

53. Wie ich einmal Sprayer war

Wir haben die Kapuzen unserer schwarzen Pullis übergezogen und schleichen durch die dunkle Nacht. Nur Dirk trägt einen Rollkragenpulli und hat den Kragen komplett über sein Gesicht geklappt. Jetzt läuft er die ganze Zeit gegen Mauern und fällt ständig hin.

In unseren Eastpak-Rucksäcken klappern leise die Spraydosen. Inzwischen haben wir es nämlich geschafft, echte zu kaufen, und konnten die Handmalfarben Dirks kleiner Schwester zurückgeben.

Am Bahnhof wollen wir einen Zug taggen. Wir haben uns nämlich jeder ein »Tag« ausgedacht und zur Übung auf unsere Schulhefte gemalt. Flo nennt sich natürlich FLOW, Tina TNA und ich PinkBoom.

»Warum Pink?«, fragt mich Flo.

»Ich hab nur eine pinke Spraydose«, sage ich. »Aber mit Boom zusammen klingt es doch irgendwie krass.«

»Was ist denn dein ›Tag‹, Dirk?«, fragt Tina.

Er klappt seinen Kragen runter und zeigt uns sein Matheheft, wo in ungeschickt gemalten Großbuchstaben TAG draufsteht.

»Oh, Mann, Dirk, du musst dir ein gutes Pseudonym ausdenken, das du überall hinsprayen kannst«, ruft Flo.

»Dann nenne ich mich GUTEN TAG«, sagt Dirk.

»Das ist ein Witz, oder?«, frage ich.

Dirk schaut mich verwirrt an.

Als wir endlich am Bahnhof ankommen, holen wir unsere Spraydosen aus den Rucksäcken.

Dirk beginnt sofort in die Luft zu sprayen. Es riecht voll eklig.

»Was ist denn das?«, fragt Tina.

»Insektenspray«, sagt Dirk und sprayt auf eine kleine Spinne, die an einer Laterne hängt. Sie stirbt sofort.

In diesem Moment fährt ein Regionalexpress ein.

Wir schleichen uns an, und Flo will gerade sein »Tag« auf den Zug sprayen, als der schon wieder losfährt – und deswegen malt er nur einen langen Strich auf den Waggon.

»Passt ja irgendwie zu FLOW«, sagt Tina.

»Was macht ihr denn da?«, ruft plötzlich ein riesiger Sicherheitsbeamter und zeigt mit seinem Schlagstock auf unsere Spraydosen.

»Guten Tag«, sagt Dirk. »Wir vertreiben Insek-
ten.«

Er sprayt dem Sicherheitsmann eine Salve ins
Gesicht. Er stirbt sofort.

Da beschloss ich mich vom Sprayen abzuwenden
und wurde Hells Angels Rocker.

54. Wie ich einmal Hells Angels Rocker war

Flo, Dirk und ich cruisen durch Downtown Kreuzberg. Wir haben an unsere schweren Bikes amerikanische Flaggen montiert, die majestätisch im Fahrtwind flattern. Dirks Flagge weht ihm die ganze Zeit ins Gesicht, und er ist schon dreimal hingefallen.

Unsere mit Nieten beschlagenen Lederjacken blitzen in der Abendsonne, die langsam hinter dem lonely Kottbusser Tor versinkt.

»That's a nicer Ritt«, ruft uns Flo zu, der jetzt immer mit amerikanischem Akzent spricht.

Am Landwehrkanal bringen wir unsere Maschinen zum Stehen und schauen in das glasklare Wasser. Langsam treibt eine tote Ratte an uns vorbei, und der Duft nach Freiheit steigt uns in die Nase: Benzingeruch vermischt mit dem Gestank einer Müllhalde.

»Du hättest deine Ledersachen ruhig mal lüften können, seit wir mountainbiken waren, Angel Dirk«, sage ich.

»Ich will nicht Angel heißen«, beschwert sich Dirk, der seinen Rockernamen zu feminin findet, und beißt von einem Döner ab, den er in einer Brotdose dabeihat. »Kann ich nicht Diabolic Dirk heißen?«

»Wenn du weiter so viel isst, bist du bald Diabetic Dirk«, sagt Flo und spuckt auf den Boden.

Dirk schmollt beleidigt, und wir lassen unsere Fahrräder ins Gras fallen. Da wir uns momentan noch keine Motorräder leisten können, haben wir nämlich unsere alten BMX-Räder aus dem Keller geholt. Also, Flo und ich. Dirk fährt immer noch mit dem Kettcar seiner Schwester rum.

Wir ziehen unsere Lederjacken aus, auf die unsere Mütter unseren Gangnamen »Flying Angels Cross Mountain« gestickt haben. Nur Dirks Mutter hat sich verschrieben, und auf seiner Jacke prangt jetzt »Dying Angels«.

»Let's trink something«, ruft Flo und nimmt einen Schluck Jack Daniel's. Leider durften wir noch keinen Whiskey kaufen, weil wir minderjährig sind, stattdessen haben wir einfach eine leere Jack-Daniel's-Flasche aus dem Glascontainer gefischt und mit Wasser aus dem Kanal aufgefüllt. Sieht genauso aus wie Whiskey, riecht auch vermodert, brennt dafür nicht so eklig in der Kehle.

Tina kommt dazu und setzt sich neben uns. Sie trägt eine enge Lederjacke und wirft ihre blonde

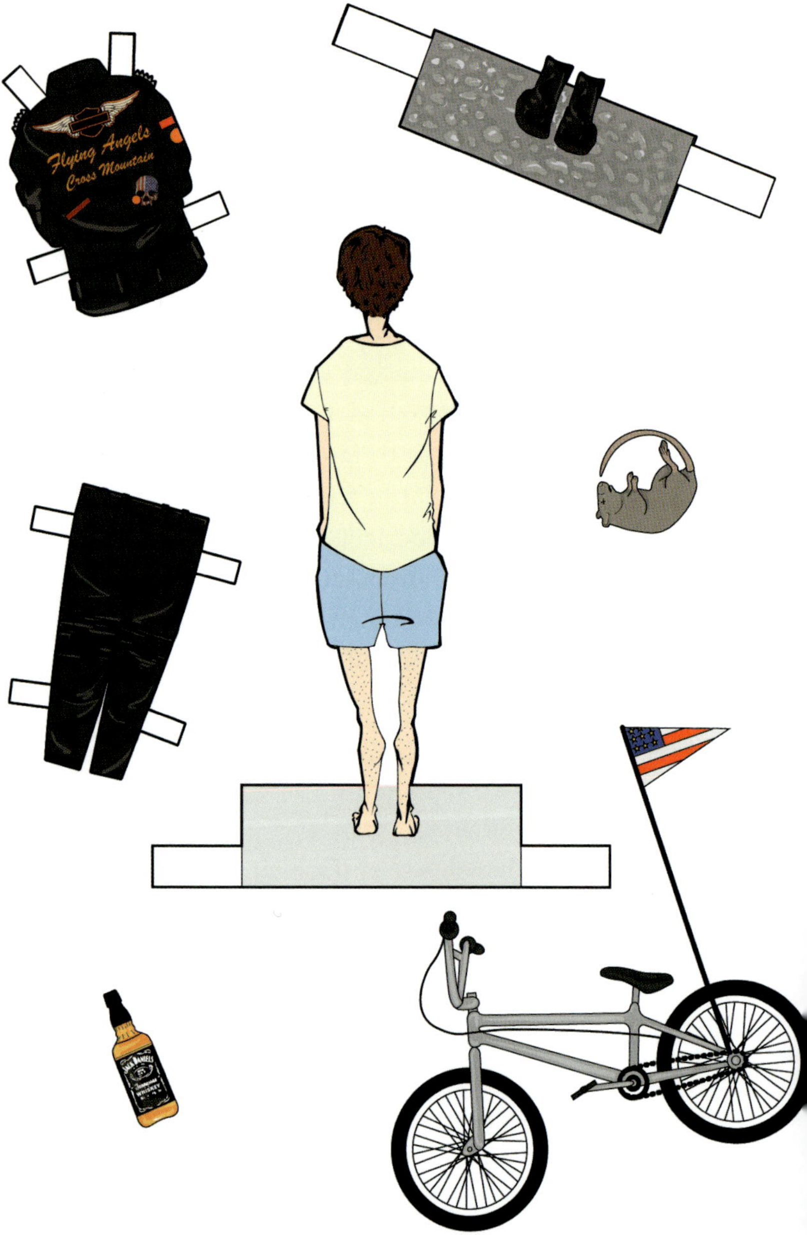
Flying Angels
Cross Mountain

Haarmähne zurück. Wir schauen sie schmachtend an.

»Hey, Girl«, sagt Flo und zeigt auf den Gepäckträger seines Fahrrades, »steig auf!«

Plötzlich tauchen die brutalen Fünftklässler auf. Sie tragen Jacken mit dem Aufdruck »Five Class Bandidos« und nehmen uns unsere Bikes weg.

Der Größte der Fünftklässler lächelt Tina an. Sie setzt sich auf seinen Gepäckträger, und sie fahren davon.

»Tina, was soll das?«, rufen Flo und ich gleichzeitig. Aber die restlichen Bandido-Fünftklässler schubsen uns in den stinkenden Landwehrkanal.

Da beschloss ich mich von den Hells Angels abzuwenden und wurde noch einmal Skater.

55. Wie ich noch einmal Skater war

»Aua«, ruft Florian, den alle nur Flame Flow nennen, weil er auf sein Skateboard eine Flamme gesprayt hat. Flame Flow ist gerade mit seinem Board die drei Stufen vor unserer Schule runtergeskatet, hat sich aber mit seiner überweiten Baggy-Hose im Geländer verfangen und ist mit dem Kopf voraus auf den Asphalt geknallt.

Jetzt bin ich dran. Auch ich verfange mich mit meiner Hose und knalle mit dem Kopf auf den Asphalt. Da liegen ja auch schon meine anderen Skater-Freunde Tina und Dirk.

Wir rappeln uns langsam wieder auf. Ich nehme mein Skateboard unter den Arm, das eigentlich ein Brett ist, an das ich die Rollen meines Schreibtischstuhls montiert habe.

Tina macht einen kunstvollen Triple-Flip-Spin.

»Irgendwie kommt mir das alles bekannt vor«, sage ich. »Waren wir nicht schon einmal Skater?«

»Das kann ich mir nicht vorstellen«, sagt Flo, tritt auf sein XXXXL-Shirt und fällt wieder um.

»Das ist dir schon mal passiert!«, rufe ich.

»Vielleicht ein Déjà-vu?«, mutmaßt Tina.

»Mir kommt es auch so vor, als hätte ich mir mindestens schon einmal beide Arme gebrochen«, sagt Dirk und hält seine eingegipsten Unterarme hoch.

»Mach mal die Winke-Katze«, ruft Tina.

Dirk winkt monoton mit seinem rechten Gipsarm auf und ab.

»Wir könnten irgendwo was hinsprayen«, schlägt Flo vor. »Ich hab allerdings nur Handmalfarben und eine Spraydose in Pink.«

»Sprayen waren wir auch schon mal«, sage ich. »Vielleicht sogar schon zweimal.«

Dirk versucht sich am Ohr zu kratzen. Dafür muss er seinen Kopf sehr weit auf die Seite neigen, um mit seiner eingegipsten Hand dranzukommen.

»Mach's doch wie Lilly mit den Hinterbeinen«, schlägt Tina vor.

»Was könnten wir denn sonst machen außer Skaten?«, frage ich.

»Breakdancen?«, ruft Dirk.

»Wie willst du denn breakdancen, mit zwei gebrochenen Armen«, sagt Flo.

»Du bist doof!«, ruft Dirk, und seine Augen füllen sich mit Tränen.

»Wir könnten Punker werden«, meint Tina. Sie holt den alten Ghettoblaster hervor und drückt auf Play. Laut dröhnt *Should I Stay or Should I Go* los.

»Ich hab keine Lust, schnorren zu gehen«, ruft Flo und macht die Musik wieder aus. »Wie wär's mit Öko?«

Ich schüttle den Kopf. »Ich kann dieses Vollkorn-Biozeugs nicht mehr sehen.«

»Und was ist mit Poetry Slam?«, fragt Tina und holt ein paar Textblätter aus ihrem *Hello-Kitty*-Rucksack.

»Dafür sind wir jetzt auch langsam zu alt«, sage ich.

Wir schauen uns ratlos an. Dirk kratzt sich mit seinem Fuß am Ohr.

»Vielleicht lassen wir es dann einfach«, meint Flo schließlich.

Wir werfen unsere Skateboards in den Müll und gehen bis zur nächsten Kreuzung, von der vier Straßen abgehen.

Auf einmal kommt einer der Fünftklässler auf seinem Mountainbike angefahren. Er hält neben Tina, und sie steigt auf den Gepäckträger. Die beiden fahren los, und Tina winkt uns zum Abschied zu.

»Ich muss da lang«, sagt Flo und deutet in die entgegengesetzte Richtung. Wir verabschieden uns, und er schlurft langsam die Straße hinunter.

Plötzlich hält der Mercedes von Dirks Vater neben uns.

»Ich darf ja noch nicht allein nach Hause fahren«, sagt Dirk, steigt ein, und sie brausen in die andere Richtung davon.

Ich setze die Kopfhörer meines Walkmans auf und blicke meinen drei Freunden hinterher. Dann biege ich in die letzte der vier Straßen ein, beschloss mich von den Jugendkulturen abzuwenden und wurde erwachsen.

Jedenfalls ein bisschen.

Danke!

Lisa Bender für die tollen Illustrationen.

Annika Zieske, Michael Reinhard, Doreen Fröhlich, Daniel Mursa, Marc-Uwe Kling, Maik Martschinkowsky, Julius Fischer, Jonas Nevulis, *radioeins*, *SWR3* und *apparat*.

Unsere Leseempfehlung

Jan Kowalsky

Als Schisser um die Welt

Die Geschichte von einem, der mitmusste

GOLDMANN

Pauschaltourismus und Strandurlaub waren gestern – heute gehen wir Bergsteigen im Himalaya oder machen Hundeschlittenrennen in Alaska. Und doch gibt es Leute, die wollen gar nicht weg. Der Schisser zum Beispiel würde lieber zu Hause bleiben. Das Problem ist nur: Seine Frau liebt Abenteuerreisen. Und er liebt seine Frau. Erspart bleibt ihm auf seinen unfreiwilligen Reisen rund um den Globus natürlich nichts: menschenfressende Riesenechsen, Wildwasserrafting mit Zahnverlust und dabei immer mit den Nerven zu Fuß. Dies ist die Geschichte von einem, der mitmusste ...